Gerd B. Schwarz

Das ultimative Entschuldigungsbuch

Für

Amanda & Lisa

Gerd B. Schwarz

Das ultimative Entschuldigungsbuch

Originelle Briefe und andere Ideen

mvg verlag

Die Deutsche Bibliothek – CIP-Einheitsaufnahme

Schwarz, Gerd B.:
Das ultimative Entschuldigungsbuch : originelle Briefe und andere Ideen / Gerd B. Schwarz. – München ; Landsberg am Lech : mvg-verl., 1995
(mvg-Paperbacks ; 510)
ISBN 3-478-08510-1
NE: GT

Das Papier dieses Taschenbuchs wird möglichst umweltschonend hergestellt und enthält keine optischen Aufheller.

Umschlaggestaltung: Manfred Wenzel, Köln; Gruber & König, Augsburg
Satz: Fotosatz H. Buck, 84036 Kumhausen
Druck- und Bindearbeiten: Presse-Druck Augsburg
Printed in Germany 080 510/295602
ISBN 3-478-08510-1

Inhalt

Vorwort

> Da streiten sich die Leut' herum
> wohl um den Wert des Glücks,
> der eine heißt den andern dumm,
> am End' weiß keiner nix.
> (*Raimund,* Verschwender)

Früher oder später kann jede/r mit zwischenmenschlichen Problemen konfrontiert werden, die über den normalen Umgang hinausgehen. Die Rede ist von Situationen, die zum abrupten Abbruch einer bisherigen Beziehung führen.

Ob durch Streit, Beleidigung, Vertrauensmißbrauch, Mißverständnis oder andere Gründe verursacht, ist zunächst von sekundärer Bedeutung; das Ergebnis bleibt dasselbe. Es trifft Verwandte, FreundInnen, KollegInnen, Bekannte, NachbarInnen, Zweierbeziehungen etc.; es trifft Leute wie Sie und mich.

Es wird der Verlust des Kontaktes zu einem liebgewonnenen Menschen beklagt, der sich wegen ungerechter Behandlung abgewendet hat. Leider läßt sich die Zeit nicht zurückdrehen und damit auch nicht die Ursache des Zerwürfnisses ungeschehen machen. Mensch muß nolens volens dazu stehen und sich mit der veränderten Situation auseinandersetzen.

Nun könnte Frau/Mann sich in Fatalismus üben und denken: „Das sollte ja wohl so kommen!“; dann ist allerdings auch die mögliche Konsequenz – sprich der endgültige Abbruch dieser Beziehung – einzukalkulieren und zu akzeptieren. Das mag in dem einen oder anderen Fall angebracht, ja vielleicht sogar geboten sein, ist aber kaum ratsam, wenn Interesse an der Fortführung beziehungsweise Erneuerung des belasteten Verhältnisses besteht.

Aber was ist dann zu tun, denn der gute Wille alleine dürfte wohl nicht ausreichend sein!? Grundvoraussetzung ist, daß begangene Fehler bewußtgemacht und eingestanden werden, und daß das starke Bedürfnis nach Versöhnung verspürt und mit Inhalt gefüllt werden soll. Für ambivalente Gefühle ist da wenig Raum, also entweder ich bin davon überzeugt, oder ich verzichte besser darauf.

Ist die Ernsthaftigkeit des Anliegens geklärt, stellt sich die Frage nach der praktischen Umsetzung. Wie kann glaubhaft versichert werden, daß Mensch es bedauert, und den weiteren Kontakt pflegen möchte?

Der Phantasie und der Kreativität der/des einzelnen sind hier kaum Grenzen gesetzt. Dennoch ist es nicht selten schwer, die passenden Worte, eine ansprechende Form zu finden, die diese Bedürfnisse auszudrücken vermögen. Daher werden in diesem Buch originell-humorvolle Vorschläge und Angebote unterbreitet, die den LeserInnen den Einstieg erleichtern und ihnen damit den Weg ihrer individuellen Ausdruckskraft ebnen sollen.

Kapitel 1: Wege zur Versöhnung

Die besten Voraussetzungen...

Wer sensationslüstern ist und sein Anliegen nach Versöhnung mit einem anderen Menschen einer breiteren Öffentlichkeit zuführen möchte, die/der kann ihre/seine Profilsuche oder vielleicht auch -sucht mit einer Bewerbung bei der RTL-Show „Verzeih mir!“ angehen.

Wer allerdings mehr auf Diskretion und vor allem auf persönliche, menschliche Auseinandersetzung im Rahmen der Privatsphäre setzt, der/dem sei der Versuch angeraten, diesen subjektiven und intimen Anspruch zu realisieren.

Aber der Ort und die Form einer Entschuldigung sind zunächst von sekundärer Bedeutung. Wichtiger ist die positive Beantwortung der Frage, ob ich überhaupt (schon) bereit und fähig dazu bin. Mit einigem Abstand zum Anlaß des Zerwürfnisses sollte also zunächst tief und gewissenhaft in sich hineingehorcht und die Situation auf emotionaler und auf sachlicher Ebene analysiert werden.

Das *muß* natürlich – auch unter Berücksichtigung objektiver Kriterien und Fakten – zu einem subjektiv geprägten Ergebnis führen, aber gerade darum geht es ja. Relevant ist nur, was die/der einzelne wirklich will, wohinter sie/er mit ihrer/seiner ganzen Individualität und Identität stehen kann. Der Appell an die eigene Vernunft oder die Erfüllung gewisser Norm(alität)en oder gar opportunistisches Gedankengut sind hier völlig deplaziert.

Die Entscheidung zur Abgabe einer Entschuldigung kann nur jede/r ohne äußere Einflüsse für sich alleine treffen. Ohne die Basis der Überzeugung von der eigenen Bereitschaft werden Konflikte auch nach scheinbarer Bereinigung latent weiterschwelen und früher oder später wieder zum Ausbruch kommen und durch Unterdrückung das Verhältnis auf Dauer trüben.

Daher sollte sich jede/r vor überstürzten Aktivitäten vielleicht erst einmal unter anderem folgende Fragen selbstkritisch und ehrlich beantworten:

- ☞ Was ist eigentlich geschehen?
- ☞ Wie geht es mir danach?
- ☞ Fühle ich mich schuldig, habe ich ein schlechtes Gewissen?
- ☞ Wenn ja, bedaure ich nur die Form meiner Aussagen und stehe weiterhin zu den substantiellen Inhalten?
- ☞ Wie wichtig ist mir die Beziehung zu diesem Menschen?
- ☞ Möchte ich meinen Fehler wiedergutmachen und die Beziehung reaktivieren? Wenn ja, um jeden Preis oder nur unter modifizierten Bedingungen?

Kommt dabei heraus, daß ein drängendes Bedürfnis nach Versöhnung akut ist, so sind unter anderem noch weitere Faktoren zu berücksichtigen:

- ☞ Bin ich von Stolz, Trotz oder Sturheit befallen, und/oder kann ich (trotzdem) über meinen eigenen Schatten springen?
- ☞ Habe ich Angst, mir etwas vergeben zu können?
- ☞ Trifft die/den anderen vielleicht eine Mitschuld?

Obwohl diese in den Entscheidungsprozeß einzubeziehenden Faktoren eher für Oberflächlichkeit, die Suche nach eigenen Ausflüchten und nach eigenen Rechtfertigungen sprechen, sind sie letztlich doch von nicht zu unterschätzender Relevanz.

Erst nach der Analyse, Abwägung und Klärung von Ursachen, Emotionen und Einstellungen können sich im Ergebnis die fundierte Bereitschaft und das eindeutige Bedürfnis zur Abgabe einer Entschuldigung herauskristallisieren, und die praktische Umsetzung kann erfolgversprechend angegangen werden. Ohne die Existenz einer Art Leidensdruck sollte vielleicht noch abgewartet und eine Denkpause eingelegt werden.

Gedanken zur konkreten Umsetzung

Als einfachste Art zur Beilegung eines Konfliktes könnte ein persönliches Gespräch erscheinen, in dem förmlich um Verzeihung gebeten wird. Allerdings findet sich dafür häufig keine passende Gelegenheit, und so könnte es bei unvorbereiteter, direkter Konfrontation auch zu einer Eskalation der ohnehin schon desolaten Situation führen. Daher sollten wir uns gut überlegen, wie unsere Bestrebungen am besten vermittelt werden könnten.

Um einem direkten Treffen und einem Gespräch unter vier Augen (noch) aus dem Wege zu gehen und damit die oben genannten möglichen Implikationen zu vermeiden, stehen eigentlich nur zwei Alternativen zur Auswahl:

- ☞ die Vermittlung durch eine dritte Person oder
- ☞ die Kontaktaufnahme auf postalischem Wege.

Als dritte Möglichkeit könnte die telefonische Kontaktaufnahme angesehen und in Erwägung gezogen werden. Allerdings ist davon wohl eher abzuraten, da ein Telefonat zwar unter räumlicher Trennung geführt wird, aber eben doch ein persönliches Gespräch ist und unkalkulierbare Gefahren mit ungeahnten Folgen in sich birgt.

Welche Art und Weise einer Entschuldigung auch immer gewählt wird, wichtig ist, daß sie die eigene Persönlichkeit reflektiert und als solche identifiziert werden kann – daß also kein Anlaß für Desinterpretationen geboten wird.

Von gleich hoher Bedeutung ist, daß sich der betroffene Mensch darin wiederfinden kann. Das heißt: Es muß deutlich werden, daß es um sie/ihn geht, daß ihre/seine Bedürfnisse respektiert werden. Die Standardsätze: „Es tut mir leid", „Ich bitte um Verzeihung", „Ich bin untröstlich", „Kannst du mir noch einmal verzeihen?", „Es wird nicht wieder vorkommen", ... sollten von Worten eingerahmt werden, die Einfühlungsvermögen zeigen und damit die Ernsthaftigkeit unserer Bemühungen dokumentieren. Die Entschuldigung wird auf individuelle Vorlieben, Neigungen, Wünsche, Hobbys etc. der betreffenden Person abgestimmt.

Darüber hinaus könnte es hilfreich sein, das Eingeständnis des eigenen Fehlverhaltens uneingeschränkt zu formulieren, Besserung zu geloben und den Wunsch nach Beilegung des Konflikts zu artikulieren. Damit verbunden werden könnten konkrete – aber für die/den anderen unverbindliche – Angebote, die Gemeinsamkeiten aufzeigen. Wichtig ist es, die Hand zur Versöhnung zu reichen, ohne sie mit Bedingungen oder Forderungen zu verknüpfen.

Frau/Mann geht also vorbehaltlos auf den anderen Menschen zu und überläßt es ihrem/seinem Urteil, ob sie/er auf die Initiative eingehen kann und möchte. Erfolgt keine oder eine negative Reaktion, so wurde es wenigstens versucht.

Wird die Entschuldigung aber positiv beschieden und akzeptiert, so ist der erste Schritt zur Bereinigung und Verständigung getan. Natürlich muß dann irgendwann noch eine ehrliche Aussprache über die Ursache(n) der Disharmonie erfolgen, müssen alle Probleme offen angesprochen und diskutiert werden, damit keines unterschwellig und ungeklärt im Raume stehenbleibt und früher oder später wieder für eine Störung des Verhältnisses sorgt.

Die Vermittlung/Schlichtung

„Wenn zwei sich streiten, freut sich die/der Dritte!"? Nein, dieses Sprichwort kann zwar, muß aber nicht zutreffend sein. Wie das Beispiel von Tarifauseinandersetzungen zwischen den Gewerkschaften und der Arbeitgeberseite lehrt, sind Konflikte des öfteren von so fundamentaler Art, daß sie nur durch eine Schlichtung beigelegt werden können. Dabei kommt eine dritte, eine neutrale Person ins „Spiel", die nach Kenntnisnahme beider unterschiedlichen Positionen Kompromißvorschläge entwickelt, die für beide Parteien noch akzeptabel sein müssen.

Nun läßt sich diese Methode nicht unbedingt auf den privaten Bereich übertragen, sie ist aber als eine von mehreren Möglichkeiten zumindest einmal in Erwägung zu ziehen. Aber wie könnte das konkret aussehen?

Da bedürfen zunächst folgende Fragen einer Aufklärung:

☞ In welcher Situation scheint eine Vermittlung angeraten?
☞ Mit welchen Intentionen strebe ich eine Vermittlung an?
☞ Wer könnte die Aufgabe einer Vermittlung übernehmen?
☞ In welcher Form könnte die Vermittlung stattfinden?

Die Vermittlung durch eine bisher noch nicht involvierte Person sollte wohl eher die Ausnahme bleiben und nur dann – als eine Art letzter Versuch – in Anspruch genommen werden, wenn alle anderen Möglichkeiten ausgeschöpft und ohne Erfolg geblieben sind. Darüber hinaus wäre sie nur sinnvoll einzusetzen, wenn:

- ☞ der Leidensdruck stark genug ist;
- ☞ keine zu hohen Erwartungen bestehen und geweckt werden;
- ☞ Kompromißbereitschaft besteht;
- ☞ keine Vorbedingungen gestellt werden;
- ☞ die/der andere das Bemühen um Schlichtung akzeptiert.

Von besonderer Wichtigkeit ist dabei, daß beide Seiten den guten Willen sowie das Bedürfnis und die Bereitschaft zur Aussöhnung haben und signalisieren. Wenn dem so ist, wird Mensch mit dem eigentlichen Problem konfrontiert: Denn wer ist geeignet, den Part der Vermittlung zu übernehmen?

Im Idealfall wäre das sicherlich eine außenstehende Person, die weder der/dem einen noch der/dem anderen persönlich bekannt ist und daher vorurteilsfrei und objektiv Lösungsansätze präsentieren könnte. Da das aber wohl nicht realisierbar ist, es sei denn, es wird die professionelle Hilfe zum Beispiel eines Psychologen beansprucht, bleibt eigentlich nur ein Mensch, der zu beiden in einer guten, vertrauensvollen persönlichen Beziehung steht.

Spätestens hier stellt sich die Frage nach der erforderlichen Kompetenz. Neben emotionellem und rationellem Einfühlungsvermögen und Neutralität werden hier nämlich auch noch Qualitäten wie die Fähigkeit zur Diskussionsleitung, zur Analyse, zur Einbringung von Denkanstößen und zur Entwicklung von Lösungsansätzen nachgefragt.

Wird eine Person, die – zumindest partiell – die Kriterien erfüllt, gefunden, so ist noch ein Konsens über die Form der Vermittlung zu finden. Soll die/der VermittlerIn versuchen, in Einzelgesprächen für Klärung zu sorgen, oder wird eine sofortige Begegnung unter sechs Augen bevorzugt?

In jedem Falle muß von den „KontrahentInnen“ folgendes erwartet werden:

- ☞ Sie üben sich in Selbstkritik.
- ☞ Sie schildern ehrlich ihre subjektiven Eindrücke der vermeintlichen Ursache(n) des Zerwürfnisses und sparen kein Problem aus.
- ☞ Sie lassen ihrer Enttäuschung, ihren verletzten Gefühlen freien Raum.
- ☞ Sie müssen sich auch die Position der anderen Seite anhören können.
- ☞ Sie haben die Bereitschaft, aufeinander zuzugehen.

Als letzte Vorbedingung für eine erfolgversprechende Schlichtung sollte unbedingt ein neutraler Ort (zum Beispiel eine ruhige Kneipe oder ein gemeinsamer Spaziergang im Wald/Stadtpark) gewählt werden.

Wie gesehen ist die Vermittlung durch eine unbeteiligte Person mit vielen Fragezeichen verbunden und daher nicht unbedingt als Allheilmittel zur Beilegung von Konflikten geeignet. Sie birgt letztlich sogar die Risiken, daß sich im Endergebnis zwei gegen den dritten verbünden oder sich sogar alle drei auf Dauer zerstreiten.

Als Fazit bleibt wohl festzuhalten, daß zunächst Klärungsversuche unter vier Augen ratsam erscheinen, bevor die letzte Hoffnung auf Versöhnung in die Vermittlung gelegt wird.

Möglichkeiten der Gestaltung

Soll eine Entschuldigung mit einem Angebot verbunden werden, dann muß vorher gut überlegt werden, wieviel Mensch persönlich, aber auch finanziell investieren will und/oder kann.

Sicherlich ist jede/r in der Lage, eine Einladung zum Essengehen auszusprechen; es gibt aber Möglichkeiten, die wesentlich kostenintensiver sind. So kann es sich nicht jede/r leisten, zum Beispiel die/den Eingeladene/n von einem angemieteten Rolls Royce mit ChauffeurIn abholen zu lassen.

Daher kann nur im Rahmen der individuellen Möglichkeiten gehandelt werden; und das sollte eigentlich auch genügen, um ernsthafte Bemühungen auf Versöhnung glaubhaft zu machen. Von Bedeutung ist wohl die Geste an sich, der gute Wille, der damit transportiert werden soll.

Natürlich haben besonders die Menschen gute Erfolgsaussichten, die über humorvolle und originelle Ideen verfügen und diese auch umzusetzen vermögen. Zur Inspiration werden in diesem Buch Möglichkeiten der Realisierung für jeden Geldbeutel vermittelt.

Wer zum Beispiel eine der zahlreichen Entwürfe für persönliche Briefe, Einladungen oder Gutscheine komplett oder partiell verwenden möchte, die/der läßt sich einfach zunächst eine Vergrößerungskopie im DIN-A4-Format erstellen (Kosten um 10 Pf.), überklebt oder weißt mit Tipp-Ex-Tinktur die Passagen, die nicht genehm sind und ersetzt diese durch eigene Kreationen. Nach dem Kopieren dieses individuell gestalteten Entwurfs erhält Mensch ein sauberes und ansprechendes Exemplar, das so zur Weiterleitung geeignet ist.

Auch wenn nicht jede/r ein zeichnerisches Talent besitzt, können trotzdem eigene Ideen erfolgreich realisiert werden.

So sind zum Beispiel im Schreibwarenhandel und in Kaufhäusern Aufkleber mit Buchstaben, Ziffern und Symbolen in jeder Größe und in verschiedenen Stilarten zu erwerben. Weiter erhältlich sind Schablonen und Durchpauspapier, mit denen sich vielfältige Gestaltungsmöglichkeiten ergeben.

Darüber hinaus können Buchstaben, ganze Sätze (zum Beispiel passende Überschriften), Bilder und/oder Illustrationen und Symbole aus Zeitungen und Zeitschriften ausgeschnitten und auf das Briefpapier geklebt werden. Nach der Fertigstellung einer solchen Kreation sollte auch hier eine Kopie verwendet werden.

Übrigens lassen sich zum Beispiel Illustrationen noch gut mit farbigen Filzstiften oder Wasserfarben verschönern. Auch das Einbringen eines persönlichen Fotos kann in Erwägung gezogen werden. Eine weitere Aufwertung verspricht die Verwendung von farbigem und/oder bedrucktem Briefpapier und/oder Couverts.

Wichtig ist, daß die optische Aufmachung eine positive Ausstrahlung hat, die die Intention nach Versöhnung zu unterstützen vermag. Eine gesunde Portion Selbstironie könnte helfen, die Atmosphäre aufzulockern. Wie ließe sich das wohl besser realisieren als durch Humor und Originalität!?

Kapitel 2: Der persönliche Brief

Die angenehmste Kontaktaufnahme nach einem Streit...

Wem (noch) der Mut fehlt oder bei wem die Vorbehalte überwiegen, eine Vermittlung, ein Telefonat oder gar eine direkte Kontaktaufnahme zu wagen, die/der ist gut beraten, ihr/sein Bedauern zunächst schriftlich zu fixieren und auf postalischem Wege abzusenden. So kann auch völlig unverbindlich sondiert werden, ob die betroffene Person ebenfalls Interesse an der Wiederaufnahme der Beziehung hat.

Mit diesem ersten Schritt wird zugleich auch der weitere Handlungsablauf in die Hände der Adressatin/des Adressaten gelegt. Das mag so aussehen, als wenn wir ihr/ihm den „Schwarzen Peter" zuschieben wollten, ist aber unbegründet, da die Initiative ja von uns ausgeht. Mehr als die Artikulation unserer Entschuldigung – in Verbindung mit dem Angebot zur Reaktivierung der Beziehung – kann wohl erst einmal nicht von uns erwartet und auch nicht geleistet werden.

Über Inhalte und Formen von Briefen wurde bereits berichtet; jetzt kommt es auf die konkrete Umsetzung an. Wie eingangs erwähnt, ist es besonders wichtig, daß AbsenderIn wie AdressatIn gleichermaßen ihre eigene Person in dem Brief identifizieren können.

Neben der Wahl einfühlsamer Worte und einer individuellen Gestaltung kann dem eigenen Interesse und Bedürfnis nach Versöhnung noch mehr Ausdruck verliehen werden, wenn dem Brief ein an sich selbst adressierter und frankierter Rückumschlag beigelegt wird. Zur Erinnerung und zur Entscheidungshilfe könnte auch noch der Hinweis auf die eigene Telefonnummer nützlich sein.

Sicherlich ist es empfehlenswert, die gesamte Palette der folgenden Vorschläge auf sich wirken zu lassen, um Ideen zu entdecken, die den subjektiven Vorstellungen besonders nahe kommen, und sie sich durch Kombinationen, Kürzungen und/oder durch Ergänzungen für eigene Kreationen nutzbar zu machen.

Die vorgeschlagenen Ideen für Entschuldigungsbriefe sollen nur zu Ihrer Inspiration dienen; sie können und sollten eigene Ideen fördern...!

Sehr geehrter Herr Mustermann,

mit diesem Schreiben möchte ich Ihnen meine Hand zur Versöhnung reichen und hoffe, daß auch Sie mir die Ihrige entgegenhalten.
Das Bedauern über mein unmögliches Verhalten läßt sich kaum in Worten ausdrücken, so daß ich es mit einem einzigen versuchen möchte:

ENTSCHULDIGUNG!!!

Sollten auch Sie das feste Bedürfnis spüren, die Freundschaft zu mir wieder zu aktivieren, so würde ich mich sehr über ein Lebenszeichen von Ihnen freuen.

Hochachtungsvoll

Ihre M. Musterfrau

☏

72483

Lieber
JOHANNES!

Entschuldige bitte, daß ich Dir so dermaßen auf den Fuß getreten habe, aber ich habe wirklich nicht gewußt, daß Dir so unheimlich viel an der umstrittenen Sache liegt. Das ist mir erst klar geworden, als ich zu Hause intensiv darüber nachgedacht habe. Ich kann jetzt Deine Enttäuschung sehr gut verstehen und bereue meine zu harte und teilweise unsachliche Kritik. Es wäre schön, wenn Du mir verzeihen könntest und unsere alte Freundschaft zu neuem Leben erweckt würde!!! Es ist gar nicht so einfach, passende Worte zu finden, die mein Bedauern zum Ausdruck bringen könnten. Daher bitte ich Dich schlicht um Verzeihung und darum, unserer Freundschaft noch eine Chance zu geben!

Deine Klara

BUNDESAMT für VERSÖHNUNGSFRAGEN

BfV, Postfach 12345, 67890 Hoffnungsdorf

Telefon: (01234) 56789
Fax-Nr.: (01234) 56780

Frau
Lisa Muster
Musterallee 12

23456 Musterstädtchen

Ihre Nachricht vom/Ihr Zeichen:	Unser Zeichen:	Datum:
unbekannt	Vermittl.	13.01.1996

Sehr geehrte Frau Muster,

am gestrigen Tage ging bei uns ein Schreiben des Herrn Demut ein, in dem er uns eindrucksvoll die Situation schilderte, die zu Ihrem beiderseitigen Zerwürfnis führte. Da er sich schuldig fühlt und keine andere Möglichkeit zur Versöhnung mit Ihnen sieht, hat er uns um eine Vermittlung gebeten.

Da uns Herr Demut von seinen redlichen Absichten überzeugen konnte, kommen wir diesem Wunsch sehr gerne nach, obwohl natürlich auch wir uns der Tatsache bewußt sind, daß letztlich Sie darüber entscheiden müssen, ob Sie überhaupt daran interessiert sind.

Daher können wir Ihnen „nur" seine ernsthafte Entschuldigung und seinen Herzenswunsch nach einer Aussprache mit Ihnen übermitteln. Wir sind uns aber sicher, daß Sie diese Angebote gewissenhaft prüfen und einer fairen Lösung zuführen werden.

Mit freundlichen Grüßen

H. Vermittlung

Liebe **MUSTERFRAU,**

wie Du oben sehen kannst, ist der TÜV-Termin für meine Person schon weit überschritten. Wahrscheinlich ist das mit ein Grund, daß ich mich Dir gegenüber so blöde verhalten habe.

ENTSCHULDIGE BITTE !!!

Es wird höchste Zeit, daß ich mich einer Generalüberholung unterziehe, da ein etwas altersschwaches Modell wie ich schon reichlich Defekte an Karosserie, Motor und Getriebe aufweist. Der Rost nagt an allen Enden und Kanten; er lauert an unübersichtlichen und versteckten Stellen.
Diese vielen Macken sind alleine gar nicht alle zu finden und schon gar nicht zu reparieren. Ich möchte Dich daher bitten, daß Du mir bei der Instandsetzung behilflich bist! Du kannst dabei ruhig kräftig zur Sache gehen, da ich alle Fehler ausmerzen möchte, damit meine Person nicht nur durch den TÜV kommt, sondern auch (wieder) eine sympathische innere und äußere Ausstrahlung erhält. Besonders wichtig ist natürlich, daß die Mängel beseitigt werden, die zu schuldhaften Karambolagen mit anderen geführt haben.
Ich hoffe, daß die Kollision mit Dir keine bleibenden Schäden verursacht hat und daß wir eine neue Basis für unsere Freundschaft finden können.

Liebe Grüße

Dein Mustermann

MAL WIEDER ALLES AUF DEN KOPF GESTELLT!

Liebe Frederike!

Es ist schon rätselhaft und ärgerlich zugleich, mit welch großem Talent es mir immer wieder gelingt, Tatsachen auf den Kopf zu stellen, aus einem U ein A zu machen, aus einer 1 eine Null (mich).

So war ich nach unserem großen Streit doch zuerst tatsächlich davon überzeugt, im Recht zu sein, und habe geglaubt, daß Du Dich bei mir entschuldigen müßtest. Unglaublich!

Zum Glück ist mir – hoffentlich noch rechtzeitig – nach intensivem Nachdenken mein Irrtum bewußt geworden. Ich möchte Dich daher um Deine großzügige Vergebung bitten.

Liebe Grüße

Dein Lutz

Typisch ...

MANN – ich muß es leider zugeben!

Obwohl ich mich doch seit Jahren bemühe, die Gleichberechtigung zwischen Mann und Frau zu vertreten und zu leben, ist mir bei Dir (leider!) mal wieder so ein dämlicher frauenfeindlicher Satz rausgerutscht, der letztlich dafür verantwortlich ist, daß wir im Streit auseinandergegangen sind.

Bitte glaube mir, daß ich inzwischen intensiv darüber nachgedacht habe und zu dem Ergebnis gekommen bin, daß Du völlig recht hast. Ich möchte mich daher bei Dir für mein unwirsches Verhalten entschuldigen und gelobe Dir Besserung. Da ich offensichtlich noch viel dazulernen muß, wäre mir die Unterstützung gerade von Dir besonders wichtig. Ich möchte Deine Freundschaft zurückgewinnen und mich mit Dir in fairer Weise auseinandersetzen.

Bitte überleg es Dir noch einmal!

Lieber Gruß

Dein Ralf

Liebste DANIELA,

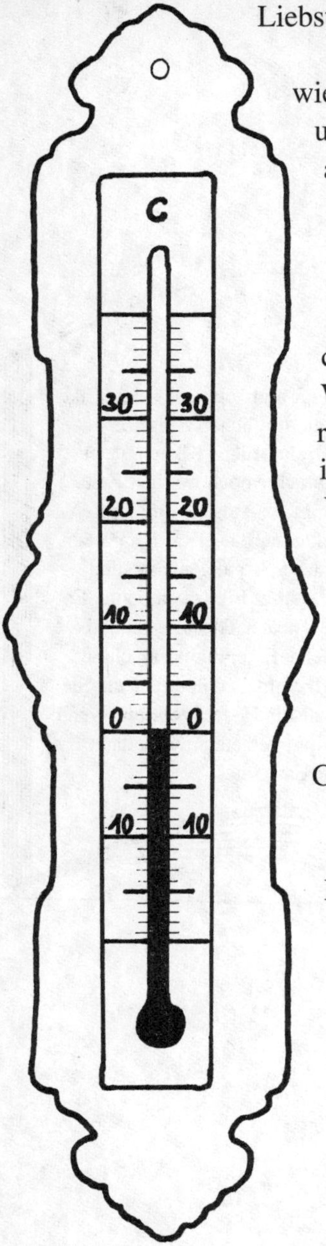

wie es aussieht, ist das Thermometer unserer Liebe auf dem Nullpunkt angelangt.
Da ich schon sehr stark an Unterkühlung leide, möchte ich, daß wir gemeinsam versuchen, die Temperatur wieder auf sommerliche Grade zu bringen.
Weil ich die Hauptschuld an unserem frostigen Klima trage, möchte ich Dich herzlichst um VERZEIHUNG bitten!!!!!!!!!!!!
Ich habe ein sehr schlechtes Gewissen und möchte meinen Fehler unbedingt wiedergutmachen.
Es wäre sehr schön, wenn Du mir dafür Gelegenheit geben würdest.
Bitte gib unserer Liebe noch eine Chance!

Dein Dich liebender Karl

P.S.: Ich vermisse Dich so sehr!

DER TROTTEL!

Es waren einmal ein elfenhaftes Wesen namens Elke und ihr Freund Johannes. Beide lebten viele Jahre in Glück und Harmonie zusammen, bis es sich eines Tages zutrug, daß sich Johannes eines schweren Vergehens schuldig machte. Er lernte eine andere Frau kennen, mit der ihn eigentlich nur das gemeinsame Interesse Theater verband. Dennoch verbrachte er einen großen Teil seiner Freizeit mit ihr und vernachlässigte Elke in unerträglicher Weise. Er überhörte Elkes Klagen, ja, er verbrachte noch weniger Zeit mit ihr. Erst als sie ihre Koffer packte, merkte er, welch großen Fehler er begangen hatte und wie sehr er Elke doch liebte. Er ließ Theater Theater sein und erflehte Elke, ihren Entschluß noch einmal zu überdenken. Sie erbat sich Bedenkzeit, und wenn sie ihm verzeihen wird, dann wird das Glück ...

Hallo Mustermann,

hatte ich nur einen Alptraum, oder haben wir beide uns wirklich gestritten? Im Traum jedenfalls habe ich Dich wüst beschimpft und Dir allerlei Vorwürfe gemacht.
Da ich fürchte, daß es Realität war, möchte ich Dich ganz herzlich um Verzeihung bitten!!!
Vielleicht können wir uns demnächst mal zusammensetzen und uns aussprechen!? Ich würde mich freuen.
Ruf doch einfach mal bei mir an, dann können wir ein Date vereinbaren. Ich habe die ganze nächste Woche noch nichts vor!

Bis bald

Deine Inge

Ich verzeihe Musterfrau (Bitte ankreuzen!):

○ **JA** ○ NEIN

12345

ZEUGNIS

M. Mustermann, geb. am . . . . in Musterstadt

LEISTUNGEN:

(Stufen: sehr gut, gut, befriedigend, ausreichend, mangelhaft, ungenügend)

Leben	teilgenommen
Egoismus	sehr gut
Betragen	ungenügend
Einfühlungsvermögen	ungenügend
Fairneß	ungenügend
Selbstkritik	mangelhaft
Kompromißfähigkeit	mangelhaft

BEMERKUNGEN:

Der Kandidat kann nur versetzt werden, wenn er seinen festen Willen nach guten zwischenmenschlichen Kontakten in die Praxis umsetzt. Da er dafür überzeugende Anhaltspunkte geliefert hat, Fehler der Vergangenheit bereut und sich dafür entschuldigt, ist seine Entwicklung zu einer respektablen Persönlichkeit nicht ganz auszuschließen.
Voraussetzung für die Akzeptanz seiner Person ist, daß Frau *M. Musterfrau* ihm seine ungerechten Verhaltensweisen verzeiht und ihm Nachhilfe im Bereich Liebe, Vertrauen und Verläßlichkeit erteilt.

Liebe Leonore!

Leider bin ich mal wieder völlig aus dem Rahmen gefallen und habe Dich mit meinem dümmlichen Verhalten vergrault.

Bitte glaube mir, daß es mir unendlich leid tut und ich Dich ehrlich um Entschuldigung bitten möchte!

Es wäre schön, wenn Du mir die Gelegenheit geben würdest, Dir mein Verhalten zu erklären! Schlage bitte einen Treffpunkt und einen Termin vor. Ich bin mit allem einverstanden!

Ich hoffe, von Dir zu hören!

Gruß

Dein Klaus

Blind vor (Ehr)Geiz!

Nachdem Du Dich von mir getrennt hast, ist mir endlich vor Augen geführt und bewußt geworden, daß materielle Werte eher sekundärer Natur sind. Was nutzen mir all meine Reichtümer, wenn Du Dich von mir abwendest!? Ich danke Dir für diese lehrreiche Erkenntnis und hoffe, daß Du meine Entschuldigung akzeptierst und wir uns recht bald einmal wiedersehen.

Gruß

Deine Susanne

****

M. Mustermann – Musterstr. 1 – 12345 Musterdorf – Tel. 01234/5678

****

1. Oktober 1995

Frau
M. Musterfrau
Musterallee 1
12345 Musterdorf

Sehr geehrte (liebe) Musterfrau,

seit wir das erste Mal zusammen im Sandkasten gespielt haben, sind nunmehr schon fast 40 Jahre ins Land gegangen.
Wir haben dieselbe Schule, ja dieselbe Klasse besucht, sind zusammen konfirmiert worden etc., kurz: Wir haben vieles gemeinsam gemacht.
So blieben wir auch noch freundschaftlich verbunden, nachdem jeder von uns geheiratet hatte. Wenn wir uns auch nur noch sporadisch trafen, so gab uns unsere langjährige Freundschaft immer genug Vertrauen, um dem anderen von seinen positiven Erlebnissen, aber auch von seinen Sorgen zu berichten.
Ja, und dann kam es aus heiterem Himmel zu unserem Zerwürfnis. Ich bin untröstlich, daß ich Dir dabei offensichtlich zu nahe getreten bin. Bitte entschuldige meinen Ausrutscher!
Ich führe meine rüden Worte auf den zu hohen Alkoholkonsum zurück. In jedem Falle habe ich es wirklich nicht so gemeint.
Ich bitte nochmals um Verzeihung und hoffe, daß wir bald mal wieder über Gott und die Welt reden können.

Herzliche Grüße

Dein Joachim

Liebe MUSTERFRAU,

Du weißt ja am besten, daß ich ein sehr wortkarger Mann bin. Daher hoffe ich, daß Dir bewußt wird, wie es gemeint ist, wenn ich Dir sage:

Ich bitte Dich um ENTSCHULDIGUNG!!!

Ich habe wirklich große Schwierigkeiten, die Buchstaben des Alphabets so zu ordnen, daß daraus passende Worte und Sätze entstehen, die meine Gefühle und Bedürfnisse zum Ausdruck bringen könnten.

Ich liebe Dich,

Dein Mustermann

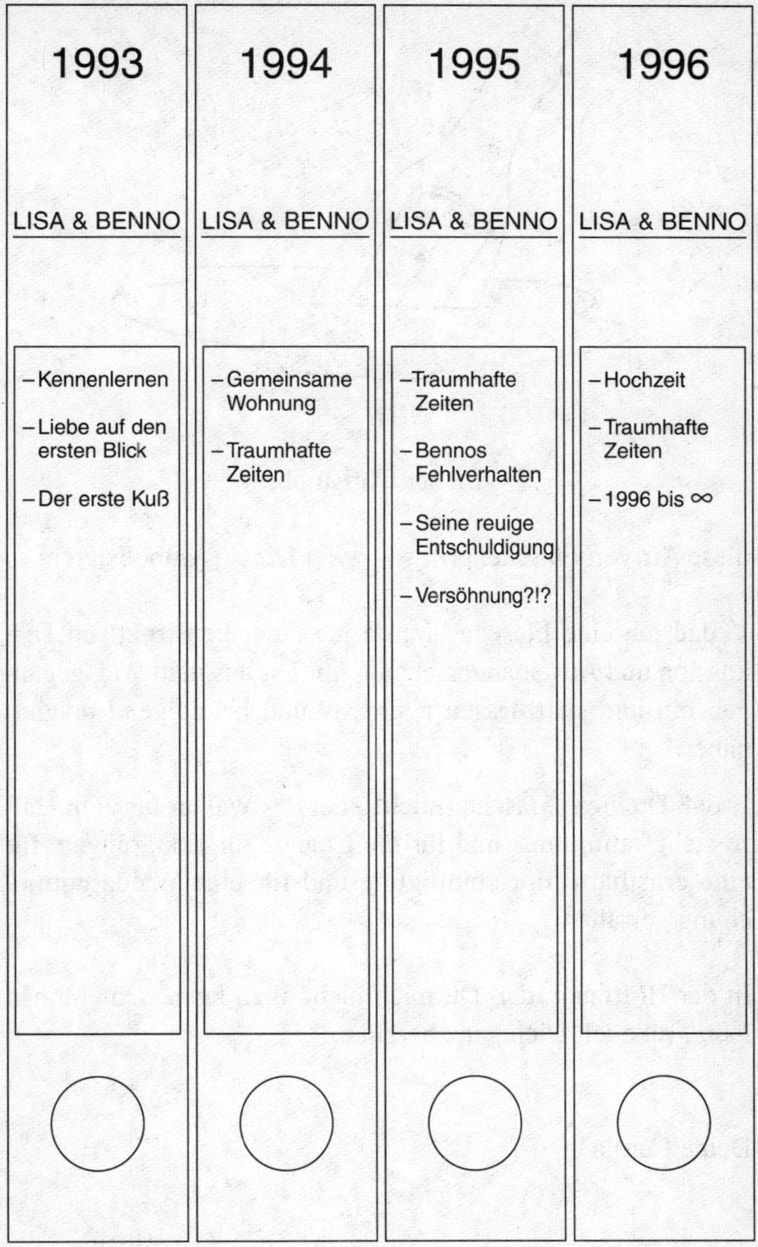
1993
LISA & BENNO
– Kennenlernen
– Liebe auf den ersten Blick
– Der erste Kuß
1994
LISA & BENNO
– Gemeinsame Wohnung
– Traumhafte Zeiten
1995
LISA & BENNO
– Traumhafte Zeiten
– Bennos Fehlverhalten
– Seine reuige Entschuldigung
– Versöhnung?!?
1996
LISA & BENNO
– Hochzeit
– Traumhafte Zeiten
– 1996 bis ∞

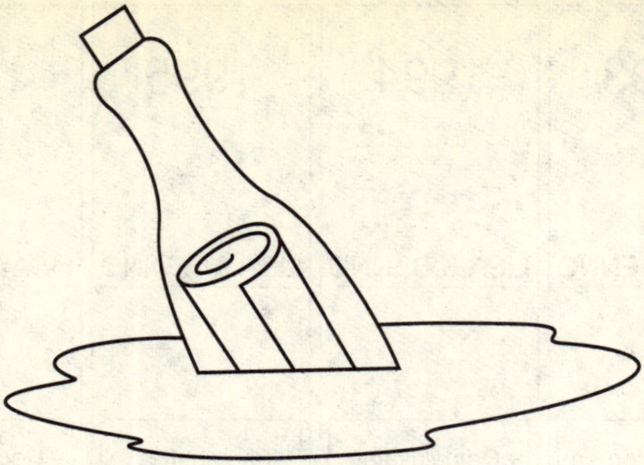

Lieber Christoph,

diese Art von Flaschenpost soll zwei Dinge symbolisieren:

1. daß ich eine Flasche bin, da ich einer konstruktiven Diskussion und Auseinandersetzung mit Dir aus dem Weg gegangen bin und statt dessen aggressiv und beleidigend reagiert habe;

2. daß Du diese Flasche (mich!), der das Wasser bis zum Halse steht, aufnimmst und ihr die Chance für Erklärungen, für eine ernsthafte Entschuldigung und für eine Wiedergutmachung gewährst.

In der Hoffnung, daß Du mich nicht allzu lange schwimmen läßt, grüße ich Dich ganz herzlich.

Deine Carola

Die Unberechenbare

Musterfrau hat leider mal wieder zugeschlagen und sich einen liebgewonnenen Freund vergrault.

Lieber MUSTERMANN,

kannst Du mir noch einmal vergeben?!
Ich weiß ja selber, daß ich manchmal unausstehlich bin, aber ich arbeite daran. Da ich Dich als sehr toleranten Menschen kennen- und schätzengelernt habe, bin ich mir eigentlich sicher, daß wir eine gemeinsame Basis finden können, damit unsere Freundschaft nicht total zerbricht.
Ich bin für alle Deine Vorschläge offen und werde ernsthaft versuchen, kalkulierbarer und damit verläßlicher zu werden.
Mir fehlen die Unternehmungen mit Dir, Deine fundierte Kritikfähigkeit und nicht zuletzt Dein natürlicher Humor.
Laß uns noch einmal über alles reden; alles weitere wird sich dann finden!

Herzliche Grüße

Deine Musterfrau

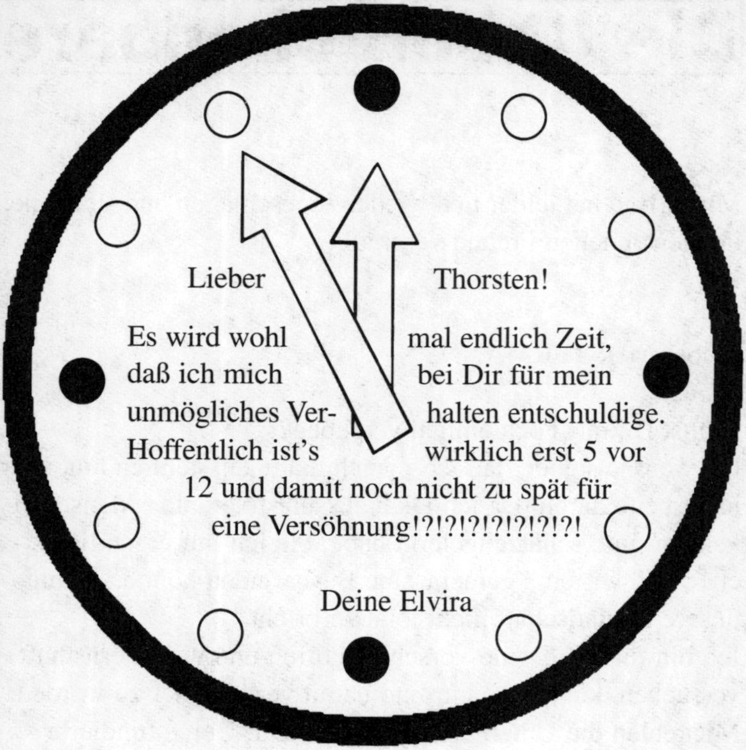
Lieber Thorsten!
Es wird wohl mal endlich Zeit,
daß ich mich bei Dir für mein
unmögliches Verhalten entschuldige.
Hoffentlich ist's wirklich erst 5 vor
12 und damit noch nicht zu spät für
eine Versöhnung!?!?!?!?!?!?!?!
Deine Elvira

Horoskop

Vom .... bis ....

für: M. MUSTERFRAU

Auch wenn Sie es im Moment noch nicht glauben können, am Wochenende steht Ihnen eine positive Überraschung ins Haus.
Eine Person, die Ihr Vertrauen gründlich mißbraucht hat, wird sich bei Ihnen melden und Sie ehrlich um Verzeihung bitten. Seien Sie großzügig und hören sich seine Worte an. Es könnte sich für Sie lohnen, da harmonische Aspekte am Horizont sichtbar sind.
Lassen Sie sich von dieser Person kulinarisch verwöhnen, und halten Sie sich eine Option auf weitere Annehmlichkeiten offen.
Die Konstellation der Planeten deutet darauf hin, daß Ihnen ein Angebot oder sogar Antrag gemacht wird. Seien Sie darauf vorbereitet, denken Sie in Ruhe darüber nach, bevor Sie zu einer Entscheidung finden, da diese Entscheidung Ihren weiteren Lebensweg bestimmen könnte.
Alle Auswertungen und Interpretationen weisen darauf hin, daß die besagte Person und Sie füreinander geschaffen sind. Auch wenn sich gelegentlich – wie überall – mal ein kleiner Schatten vor die Sonne legt, werden Sie gemeinsam glücklich durchs Leben schreiten können.
Die Prognose Ihrer Zukunft ist traumhaft!

UMFRAGE:

Bitte ankreuzen! ☒	JA	NEIN	VIELLEICHT
Sind Sie ein toleranter Mensch?	o	o	o
Haben Sie schon einmal einem anderen Menschen unrecht getan?	o	o	o
Wenn ja, haben Sie sich dafür entschuldigt?	o	o	o
Wenn ja, ist Ihnen die Entschuldigung schwergefallen?	o	o	o
Ist Ihnen verziehen worden?	o	o	o
Würden Sie selber eine Entschuldigung akzeptieren?	o	o	o
Warten Sie akut auf eine Entschuldigung?	o	o	o
Wenn ja, sollte diese von H. Muster kommen?	o	o	o
Würden Sie H. Muster verzeihen?	o	o	o
Was würden Sie wählen, wenn am nächsten Sonntag Bundestagswahlen wären?	o SPD o GRÜNE o EINE VERSÖHNUNGSEINLADUNG VON H. MUSTER	o CDU o PDS	o FDP
Liebe Ines, bitte, bitte verzeih mir!!!?!	O JA!		
Dein	☒ H. Muster		

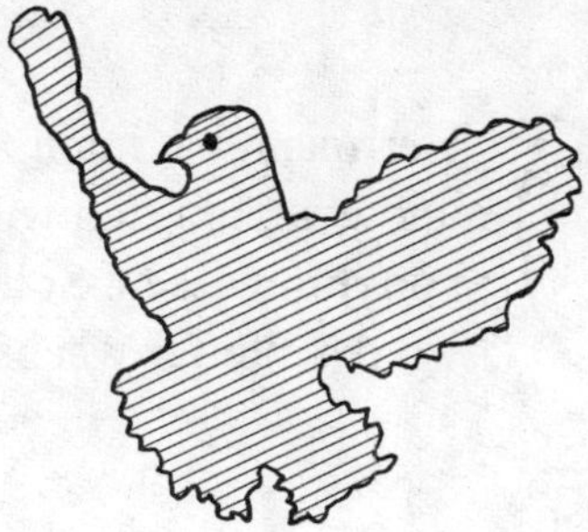

Liebe Musterfrau,

zugegeben, die Friedenstaube ist nicht sehr einfallsreich, aber sie vermag doch am besten zu symbolisieren, daß ich die ehrliche Absicht habe, mich mit Dir zu versöhnen. Ich bereue meinen Ausrutscher und möchte mich dafür bei Dir entschuldigen. Außerdem ist mir klar geworden, das ich viel zu viel von Dir verlangt und Deine Entfaltungsmöglichkeiten zu stark eingeengt habe. Die Friedenstaube soll daher auch meine Akzeptanz Deiner berechtigten Freiheitsräume ausdrücken. Mein einnehmendes Verhalten war falsch und wird in dieser Form nicht mehr vorkommen.
Ich möchte mit Dir eine neue Beziehung aufbauen, die auf Toleranz, Akzeptanz und Vertrauen begründet wird. Glaube mir bitte, ich meine es wirklich ehrlich!
Wenn Du noch eine Chance für uns siehst, dann melde Dich bitte bei mir!

Gruß

Dein Mustermann

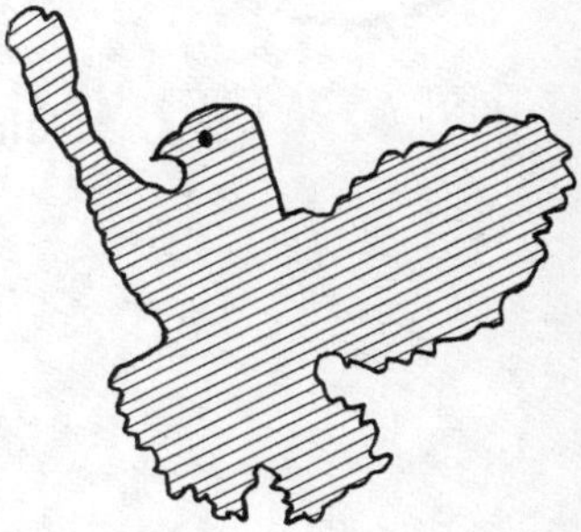

Herrmann hat mich zutiefst beleidigt und gekränkt. Ich will nie wieder etwas von ihm wissen. Soll er doch bleiben, wo der Pfeffer wächst!

EIN AUS

Ob es Herrmann leid tut, daß er mich so beschimpft hat? Wenn er sich bei mir entschuldigen würde, könnten wir ja vielleicht wieder ...?

EIN AUS

Herrmann hat seine Fehler bestimmt eingesehen und möchte sich mit mir versöhnen. Ich werde ihm verzeihen!

EIN AUS

Dein Herrmann

Wiedersehen macht Freude

Liebe Musterfrau,

noch 10 Sekunden, 9, 8, 7, 6, 5, 4, 3, 2, 1:

ENTSCHULDIGUNG!!!

Bitte, bitte verzeih mir, laß mal Gnade vor Recht ergehen! Ich habe schon richtige Entzugserscheinungen und möchte Dich unbedingt so schnell wie möglich wiedersehen. Wie wäre es mit einem Treffen an einem neutralen Ort wie z.B. im „Café-Klatsch"?
Wenn Dir etwas Besseres einfällt, so bin ich damit auch einverstanden; Hauptsache – wir sehen uns wieder.
Nochmals meine Bitte um Verzeihung und Versöhnung.

Ich erwarte sehnsüchtig Deine Antwort.

Gruß

Dein Mustermann

Liebe Carola,

wie gerne würde ich Dir die Sterne vom Himmel holen, aber – ehrlich gesagt – würde mich das überfordern, und Du wüßtest wahrscheinlich auch gar nicht, was Du damit anfangen sollst.
Daher: Laß uns doch einfach auf der Erde bleiben und hier eine gemeinsame Zukunft planen! Daß ich vorübergehend mal abgehoben habe, bereue ich sehr, und ich hoffe, daß Du mir das verzeihen kannst!
Ich stehe jetzt fest auf dem Boden der Tatsachen und werde nie wieder einen dieser sinnlosen Höhenflüge unternehmen.
Bitte melde Dich recht bald!

Gruß & Kuß

Dein Julius

Liebe Bianca,

meine Indiskretion ist wohl unentschuldbar, aber ich muß es trotzdem versuchen, da mir so unendlich viel an unserer Freundschaft liegt.
Versuche doch bitte (!), mir zu VERZEIHEN!!!!!
Mehr als entschuldigen kann ich mich leider nicht, da ich dumme Plaudertasche meine Worte ja nicht zurücknehmen kann. Ich werde aber nie wieder über Dritte reden, wenn diese nicht anwesend sind.
Ab sofort werde ich zuerst denken und dann sprechen.
In der Hoffnung auf Deinen Großmut und die Erneuerung unserer Freundschaft umarme ich Dich in Gedanken.

Liebe Grüße

Dein
Hans-Jörg

Ruf doch mal an!

Zurück in die Zukunft

Geliebte Sabine,

wenn Dummheit reich machen würde, wäre ich wohl schon mehrfacher Millionär. Es ist unglaublich, wie dämlich ich mich Dir gegenüber verhalten habe.

Bitte entschuldige!!!

Zurückblickend muß Mensch doch eigentlich sagen, daß die drei Jahre unserer Zweierbeziehung sehr schön waren und nicht durch meinen Aussetzer zerstört werden sollten. Wenn Du mir verzeihen könntest, sollten wir an einer gemeinsamen Zukunft basteln. Ich wäre sehr glücklich!

Bitte überlege es Dir noch einmal!

Ich umarme Dich!
Dein Stefan

?

Liebe Andrea!

Meine Träume sind zerplatzt wie Seifenblasen.

Ich habe Dich beleidigt.

?

Ich habe Dich belogen.

?

Ich habe Dich schwer enttäuscht. Ich habe Dein Vertrauen mißbraucht. Ich habe ...

?

Ich schäme mich.

?

Ich bedaure es sehr.

Bitte, bitte vergib mir mein Versagen!

?

Ich möchte wieder mit Dir zusammen träumen!

?

Dein Werner

Wer nicht hören will, muß fühlen!

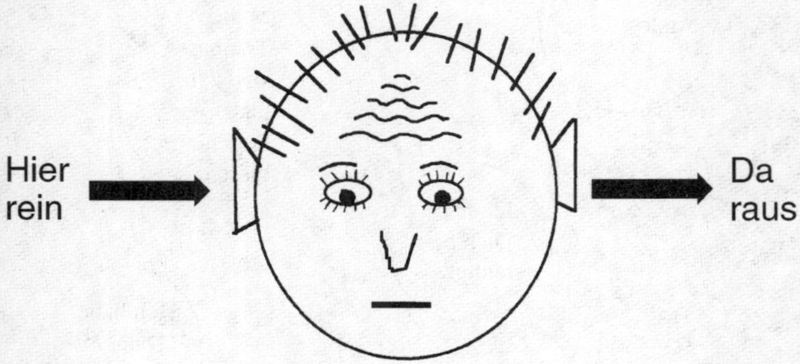

Liebe Annamaria!

Obiges Sprichwort, Bauernregel oder was auch immer scheint tatsächlich Gültigkeit zu haben. Jedenfalls trifft es auf mich voll zu, seit wir im Streit auseinandergegangen sind.

Leider habe ich Deine monatelangen Andeutungen, Bitten und Vorschläge zwar registriert, aber nicht so richtig an mich rankommen lassen. Jetzt, wo Du nicht mehr da bist, ist das große Erwachen gekommen.

Ich vermisse Dich so sehr, möchte mich bei Dir entschuldigen und Dir versprechen, daß ich in Zukunft hart an mir arbeiten werde.

Ich hoffe auf ein Lebenszeichen von Dir!

Dein Markus

ROSTOCK

Liebe Ossie-Familie,

wir haben es sehr bedauert, daß Ihr so überstürzt abgereist seid!

Unser schlechtes Benehmen tut uns sehr leid, und wir möchten uns dafür in aller Form entschuldigen. Wir hatten wohl alle ein wenig zu viel getrunken, so daß uns Worte rausgerutscht sind, die so gar nicht gemeint waren. Kai-Uwe schämt sich besonders seiner Äußerung, daß Ihr Ossies seid, die uns nur das Geld aus der Tasche ziehen wollen.

Wir wissen doch, wie schwer für Euch die Umstellung nach der Wende ist und daß Paul arbeitslos geworden ist.

Jetzt sind wir endlich politisch vereint, und wir sollten uns freuen, daß wir uns jederzeit besuchen können. Unsere Verwandtschaft muß uns doch wichtiger sein als die ganzen Querelen des Einigungsprozesses. Also, entschuldigt bitte noch einmal und mel-

STUTTGART

det Euch bei uns!

Eure Wessies

AM ANFANG STANDEN TRÄUME

Lieber Werner,

sollte das „verflixte 7. Jahr" wirklich auch uns zum Verhängnis werden?
Ich hoffe nicht, denn wir haben unsere gemeinsamen Träume vom Anfang unserer Beziehung ja noch nicht verwirklicht, waren aber schon auf dem besten Wege. Auch wenn ich Dein Vertrauen durch meinen einmaligen Seitensprung mißbraucht habe, muß ich Dir sagen, daß ich Dich noch genauso liebe wie am ersten Tag und am liebsten für immer mit Dir zusammenbleiben möchte.
Ich möchte Dich um Verzeihung bitten und verspreche Dir hoch und heilig, daß nie wieder etwas Ähnliches vorkommt. Ich liebe wirklich nur Dich, und daran wird sich auch nie etwas ändern. Dieser dumme Seitensprung (es ist übrigens fast nichts gewesen) resultierte nur aus meinem übermäßigen Alkoholkonsum an dem bewußten Abend.
Ich möchte Dir noch so vieles erklären und hoffe, daß Du mir dazu die Gelegenheit gibst.
Ruf mich doch bitte an oder komm einfach vorbei!

In großer Liebe

Deine Ingeborg

GEFANGENER im Netz von ...

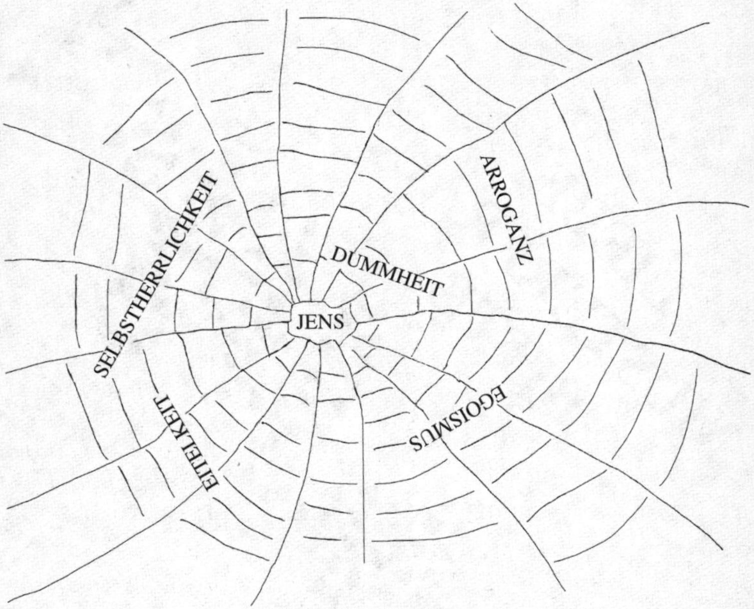

Liebe Agathe!

Bei unserem letzten Treffen habe ich mich derart in längst überwunden geglaubte Unverschämtheiten verstrickt, daß ich kaum auf Deine Vergebung zu hoffen wage.
Dennoch möchte ich nichts unversucht lassen, da mir sehr an Deiner Freundschaft gelegen ist. Entschuldige bitte!
Ich habe mich inzwischen von den Fesseln befreit und kann Dir guten Gewissens versprechen, daß ich sie niemals mehr an mich rankommen lasse.

Gruß

Dein Jens

LIEBE MUSTERFRAU,
BITTE

DEIN
ARNOLD

BEWERBUNG

Name:	Muster
Vorname:	Ilona
Anschrift:	Musterallee 1
	12345 Musterdorf
Telefonnummer:	01234/56789
Geburtsdatum:	17. 07. 1961
Familienstand:	ledig

Sehr geehrter Herr Mustergültig,
lieber Jürgen,

hiermit bewerbe ich mich um die (hoffentlich) noch freie Stelle in Deinem Herzen.

Zu meinen bekannten Qualifikationen (Qualitäten) ist mit meiner hart erarbeiteten Fähigkeit zur Selbstkritik noch eine hinzugekommen, die ein Garant für ein fruchtbares Verhältnis zwischen uns sein dürfte.

Ich möchte mich daher noch einmal aus vollstem Herzen bei Dir entschuldigen und Dich bitten, daß Du meine Bewerbung wohlwollend in Erwägung ziehst!

Mit freundlichen Grüßen (Küssen)

Deine Ilona

Bilanz nach 30 Jahren

Liebe Eltern,

ich weiß wirklich nicht, was in mich gefahren ist, Euch solche Vorwürfe zu machen.

Bitte verzeiht mir!!!

Ihr habt ja völlig recht, daß ich mit nunmehr dreißig Jahren so langsam mal wissen müßte, was ich machen will, und daß ich Euch nicht weiterhin auf der Tasche liegen kann. Ihr seid die letzten, die schuld daran sind, daß ich mein Studium noch immer nicht abgeschlossen habe. Ich verspreche Euch hiermit, daß ich mich zum nächsten Prüfungstermin anmelden werde.
Ihr habt mich drei Jahrzehnte lang umhegt, versorgt, verwöhnt, und ich hoffe, daß ich Euch das mal irgendwie zurückgeben kann.
Ich bin glücklich, solch tolle Eltern zu haben!

Eure Euch liebende Tochter

Erika

MENSCH MUSS ALLES VON BEIDEN SEITEN BETRACHTEN!!!!!!!!!!!!!!!

DU: „Ich dachte, daß meine Beziehung zu Mustermann auf Liebe, Vertrauen und Treue aufgebaut sei. Als er auf der Fete bei Peter Laura leidenschaftlich umarmte und küßte, wurde mir klar, daß ich mich geirrt hatte. Ich fühlte mich hintergangen, fühlte unsere vermeintliche Liebe verraten. Er ist offensichtlich nicht mit unserer Beziehung zufrieden und braucht nebenbei noch Kontakte zu anderen Frauen. Seine Worte, seine Versprechen sind nichts wert, er liebt mich nicht. Ich bin tief enttäuscht, verletzt und weiß nicht mehr, wie es mit uns weitergehen könnte; ob überhaupt. Natürlich wird ihm seine Phantasie wieder tausend Gründe liefern, wieso und warum, aber ich kann ihm nicht mehr glauben. Wahrscheinlich hat er mich schon vorher Dutzende Male hintergangen, bevor ich ihn endlich in flagranti erwischt habe. Was soll ich tun?!“

MENSCH MUß ALLES VON BEIDEN SEITEN BETRACHTEN!!!!!!!!!!!!!!!

ICH: „Ich denke, daß meine Beziehung zu Musterfrau auf Liebe, Vertrauen und Treue aufgebaut ist. Als ich auf der Fete bei Peter Laura vermeintlich leidenschaftlich umarmt und geküßt habe, so beruht das auf Mißverständnissen. Ich bin sehr mit der Beziehung zu Musterfrau zufrieden und brauche keine anderen Frauen. Meine Worte, meine Versprechen entsprechen der Wahrheit; ich liebe nur Dich! Ich möchte mit Dir zusammenbleiben! Es gab weder vorheriges Untreueverhalten, noch hast Du mich in flagranti erwischt; ich hatte Laura nur kurz für ihre überaus erfolgreiche Absolvenz ihrer Prüfungen beglückwünscht.
Solltest Du das falsch verstanden haben, dann bedauere ich das sehr und verspreche, daß nie wieder etwas Ähnliches vorkommt! Verzeih mir bitte!“

VERTRAG

VERTRAGSPARTEIEN:

A M. Mustermann
Musterstraße 1
12345 Musterstadt

B M. Musterfrau
Musterallee 1
12345 Musterstadt

VERTRAGSINHALT:

Zu erbringende Leistungen der Vertragspartei A:

1. Eine ehrliche Entschuldigung
2. Reue
3. Besserung
4. Versöhnungswillen
5. Fairneß
6. Toleranz

Zu erbringende Leistungen der Vertragspartei B:

1. Wohlwollende Prüfung des Angebotes von A

Weitere Vereinbarungen:

Bei Annahme des Vertrages sollte eine persönliche Aussprache stattfinden. An einem neutralen Ort können die Vertragsparteien dann versuchen, herauszufinden, ob sie eine gemeinsame Zukunft für sich sehen.

Ort und Datum

Musterstadt, 14.06.95
....

Unterschrift

M. Mustermann
....

Ort und Datum

....

Unterschrift

....

Lieber Christian!
Dieses Sym- bol möge
dafür stehen, daß ich Dir
ein Angebot zur Beilegung unse-
rer Streitigkei- ten mache. Laß
uns doch noch ein- mal vernünftig
über alles reden! So lassen sich die
Mißverständnis- se bestimmt aus
der Welt schaffen.
Gruß Deine Carolin

Liebe Tatjana,

nun ist es schon fast eine Woche her, daß wir im Streit auseinandergegangen sind. Ich war zwischenzeitlich mehrfach auf dem Weg zu Dir, um mich bei Dir zu entschuldigen und um mich mit Dir zu versöhnen; mich hat aber jeweils der Mut verlassen.
Daher mache ich es heute schriftlich: Bitte, bitte verzeih mir!!! Unsere geplante Zukunft darf doch nicht an diesen dummen Mißverständnissen scheitern.
Es wäre schön, wenn Du unten mal Deinen Ringfinger durch das passende Loch stecken könntest und mir die entsprechende Nummer mitteilen würdest. Es soll eine Überraschung werden.
Übrigens, was hast Du das erste Wochenende im übernächsten Monat vor? Ich hoffe, noch nichts, da ...
Du könntest eigentlich auch gleich die darauffolgenden drei Wochen für eine obligatorische Aktivität einplanen.
Ich denke, daß Du zwischen den Zeilen lesen kannst ...?!!!

In Liebe
Dein
Erik

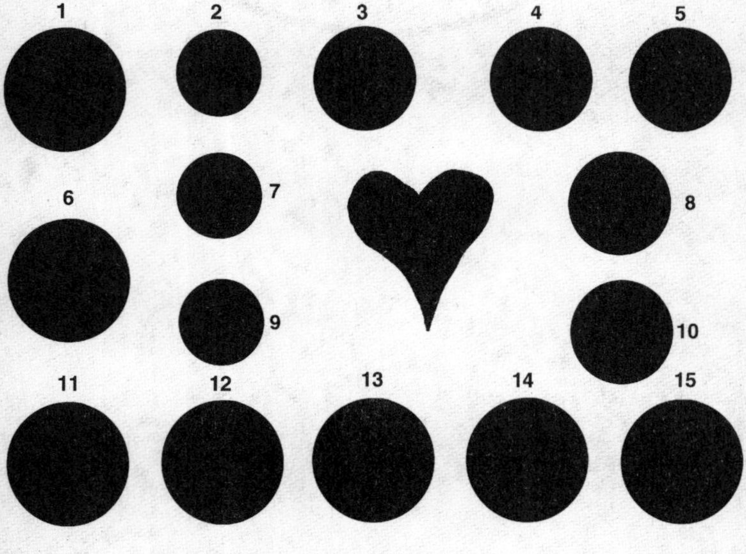

Verzeihung!

Musterstadt, ...

Liebe Olga,

ich kann es eigentlich noch immer nicht so recht glauben, daß wir beide uns wegen einem Mann ge-, ja sogar zerstritten haben.
Kein Mann ist es wert, für ihn eine so langjährige Freundschaft aufzugeben, wie sie zwischen uns bestanden hat und hoffentlich wieder zum Leben erweckt wird. Du kennst ja auch das Sprichwort: „Wenn zwei sich streiten, freut sich der Dritte." Und siehe da, er hat sich weder für Dich noch für mich entschieden und ist jetzt mit Monika liiert.
Laß uns doch den ganzen Ärger vergessen und dort wieder anfangen, wo dieser Typ noch keine Zwietracht in unser Leben gebracht hat.
Ich vermisse die Gespräche mit Dir, möchte mal wieder mit Dir durch Galerien ziehen und so richtig einen draufmachen.
Ich hoffe, daß Du ähnlich denkst; dann dürfte einem baldigen Treffen nichts im Wege stehen.
Melde Dich doch bitte!

Deine Katja

LIEBE JULIANE!

Du hast ja so recht: Mein Macho-Gehabe paßt nicht nur nicht mehr in die heutige Zeit, nein, es ist auch total naiv!
Ich habe mich leider so dermaßen gehen lassen, daß ich nicht mehr wußte, was ich sagte. Ich bedauere meine Worte und hoffe, daß Du mir das abnimmst.
Meine Thesen waren ja völlig grotesk und unrealistisch. Es sprach eine Macht aus mir, die ich längst überwunden zu haben dachte. Es wäre sooooo schön, wenn Du mir auch weiterhin zur Seite stehen würdest, um mir die Reste meines verkorksten Rollenverständnisses auszutreiben.
Daß theoretischer Anspruch und Praxis häufig aber auch so weit auseinanderliegen können! Ich verspreche, hart daran zu arbeiten, damit beides in Einklang kommt.
Bitte melde Dich mal wieder bei mir!
Tschüß und bis hoffentlich recht bald!

Gruß Karlheinz

Meine Güte, was habe ich nur für ein großes Brett vor dem Kopf!? Wahrscheinlich ist es leider auch noch aus massiver Eiche.

Anders läßt sich wohl kaum erklären, warum ich Dich so schofelig behandelt habe. Da ich dieses Ungetüm unbedingt loswerden will, möchte ich Dich um Verzeihung und um tatkräftige Mithilfe bitten. Mit Dir gemeinsam wäre ich da frohen Mutes.

Was kann ich tun, um Dich von meinen ehrlichen Absichten zu überzeugen?

Bitte melde Dich!

GUTACHTEN

Betr.: M. Mustermann, Musterallee 1, 12345 Musterstadt

Nach eingehenden Untersuchungen ist die Kommission zu folgender Diagnose gekommen:

Der physische Zustand des Patienten ist seinem Alter entsprechend als gerade noch normal anzusehen. Weitaus problematischer ist die Beschreibung seiner psychischen Verfassung, da einige Fragen ungeklärt bleiben mußten.
Als feststehend ist zu betrachten: sein ausgeprägter Egoismus, seine mangelnde Fähigkeit zur Selbstkritik, sein mangelndes Einfühlungsvermögen und seine einseitige Betrachtungsweise.
Positiv anzumerken ist, daß der Patient glaubhaft seinen guten Willen zu erkennen gab, an seinen Fehlern zu arbeiten, um sich zu einem akzeptablen Partner in zwischenmenschlichen Beziehungen zu entwickeln.
So hat er z.B. hinsichtlich eines Streites mit einer gewissen M. MUSTERFRAU seine Einsicht verdeutlicht, daß er im Unrecht war und sie unbedingt um Verzeihung bitten möchte. Darüber hinaus strebt er Wiedergutmachung und Versöhnung an.
Sollten seine guten Vorsätze erhört werden, so können wir ihm eine durchaus hoffnungsvolle Perspektive zu einem annehmbaren Menschen prognostizieren.

i.A.

Musterarzt

Signale der Liebe

waren meine Worte am letzten Samstag gerade nicht, aber sie basierten auch nur auf meiner Unsicherheit.

Liebe Margarethe,

es wird Dir sicherlich nicht leichtfallen, aber bitte glaube mir, daß ich es wirklich nicht so gemeint habe. Im Gegenteil, ich bin an mehr als nur an einer Freundschaft zu Dir interessiert. Du bist seit Jahren die erste Frau, mit der ich mir eine feste Partnerschaft vorstellen könnte. Mein Unterbewußtsein hat mir offensichtlich einen Streich gespielt und mir die Enttäuschung meiner letzten Beziehung vor Augen geführt. Daher reagiere ich wohl überempfindlich und kann meine wahren Gefühle nicht mehr zeigen.
Bitte entschuldige meine ungewollten Äußerungen!
Ich habe mich in Dich verliebt.

Gruß

Dein Jochen

Ein sehr kurzer, aber vielsagender Brief für Menschen, die ihre ambivalenten Gefühle, Gedanken und Wünsche (noch) nicht weitergehend artikulieren können:

Ich bin ja sooo ratlos ...!?

Janine

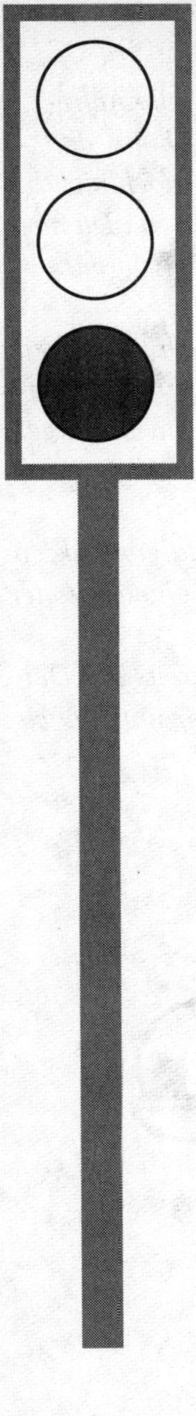

VORFAHRT FÜR VERNUNFT!

Lieber Frank,

natürlich, ich habe mich völlig daneben-benommen, aber ganz so schlimm war es doch eigentlich auch wieder nicht, daß dabei unsere langjährige Freundschft auf der Strecke bleiben müßte.
Ich hoffe, daß Du meine Entschuldigung akzeptierst und wir noch einmal vernünftig über alles reden können.
Es müßte schon mit dem Teufel zugehen, wenn unsere Aussprache nicht wieder zur bekannten „grünen Welle“ in unserer Beziehung führen würde. Mag die Ampel zur Zeit auch noch auf Gelb stehen, so wartet sie nur noch auf unsere Versöhnung, um auf Dauergrün umzuschalten.

Gruß

Dein Marc

Lieber Jochen,

seit nunmehr über einer Woche verfalle ich in helle Aufregung, wenn mein Telefon klingelt, da ich immer hoffe, daß Du es bist. Leider hat sich mein Wunsch bisher noch nicht erfüllt; aber das wäre wohl auch zuviel verlangt, da Du nach unserem Streit zu Recht auf eine Entschuldigung von mir wartest.
Das möchte ich mit diesem Brief tun, da ich mich meinerseits (noch) nicht traue, Dich anzurufen. Also, bitte verzeihe mir meine ausfallenden Worte und vergib mir bitte die Ohrfeige. Ich bedaure beides sehr und wünschte, daß es nicht geschehen wäre.
Es wäre so schöööön, wenn Du meine Entschuldigung akzeptieren könntest und wir wie in alten Zeiten das eine und/oder das andere zusammen unternehmen könnten!
Für den Fall, daß Du meine Telefonnummer bereits aus Deinem Register gestrichen hast, möchte ich sie Dir unten noch einmal ins Gedächtnis rufen.
Bitte ruf mich an!

NOTAR
M. UMPITZ
W. AHNSINN
RECHTSANWÄLTE

MUSTERSTADT, DEN 14.04.1996
MUSTERALLEE 1
TELEFON: (01234) 56789
FAX-NR.: (01234) 56790

POSTSCHECKKONTO: HANNOVER
1234567 - BLZ 25010030
BANKKONTEN:
ABZOCKKASSE MUSTERSTADT,
KONTO-NR.: 23456 - BLZ: 789012
PROFITBANK MUSTERSTADT,
KONTO-NR.: 34567 - BLZ: 890123

RAe. UMPITZ/AHNSINN, MUSTERALLEE 1, 12345 MUSTERSTADT

Frau
Sabine Muster
Musterweg 12

12345 Musterstadt

Entschuldigung

BEI ANTWORT BITTE ANGEBEN!

Betr.: Schlichtung MUSTER - SCHULDIG

Sehr geehrte Frau Muster,

in dieser Angelegenheit zeige ich Ihnen kraft bei uns einzusehender Vollmacht an, daß Herr Bernd Schuldig aus 12345 Musterstadt, Musterstraße 44, uns mit der Vertretung seiner Interessen betraut hat.

Der Anlaß unserer Beauftragung dürfte Ihnen sicherlich bekannt sein, so daß wir auf eine detaillierte Schilderung verzichten können.

Unser Mandant ist sich der Schwere seiner Verfehlungen bewußt und möchte wieder mit Ihnen in Kontakt treten, um Ihnen seine Entschuldigung und Wiedergutmachung anzubieten. Wir sind lediglich als Vermittler tätig, da sich unser Mandant nicht ganz sicher ist, ob Sie zum jetzigen Zeitpunkt eine persönliche Kontaktaufnahme akzeptieren würden.

Unser Mandant wäre dankbar für jeden Ihrer Vorschläge, die zu einer Versöhnung mit Ihnen führen könnten. Geben Sie sich doch bitte einen Ruck!

Hochachtungsvoll

M. Umpitz

Bürozeiten MO.-SO. RUND UM DIE UHR

ANTRAG

Antragsteller: M. Mustermann
Musterstraße 1
12345 Musterstadt

Gegenstand des Antrages (Bitte ankreuzen!):

- [x] Entgegennahme einer Entschuldigung
- [ ] Ignoranz meiner Entschuldigung
- [x] Akzeptanz meiner Entschuldigung
- [x] Wiederaufnahme der Freundschaft
- [ ] Endgültiges Zerwürfnis
- [x] Ein baldiges Wiedersehen

Begründung des Antrages (Bitte ankreuzen!):

- [x] Schlechtes Gewissen
- [ ] Gleichgültigkeit
- [x] Wiedergutmachung
- [x] Sehnsucht
- [x] Liebe

Besondere Bemerkungen:
Der Bescheid der **M. MUSTERFRAU** wird kommentarlos akzeptiert.

Ort und Datum: .... Unterschrift: ....

Bitte bei 95 Grad ...!

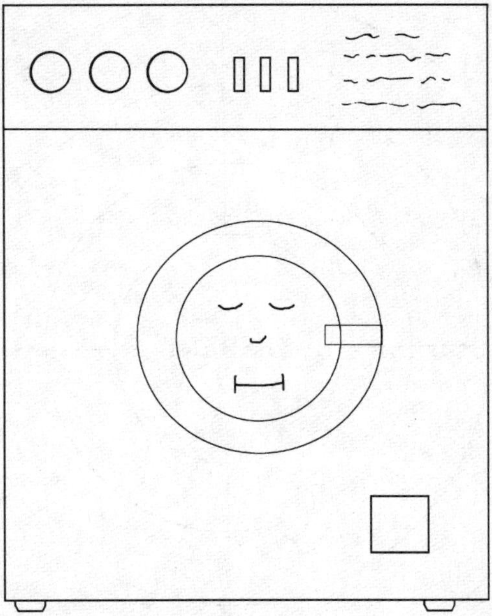

Liebe Viktoria,

bitte entschuldige mein unmögliches Verhalten!!!
Da mir nicht nur einmal der Kopf gehörig gewaschen gehört, sondern ein kompletter Kochwaschgang erforderlich scheint, um mich auch von den letzten Dussel-Bakterien befreien zu können, möchte ich Dich um das Waschpulver in Form Deiner ehrlichen Meinung und Kritik bitten. Und denk bitte daran: Es soll kein Schonprogramm werden!
Bitte schreib mir, oder ruf doch einfach einmal an!

Gruß

Dein Dirk

VOLLTREFFER!?!

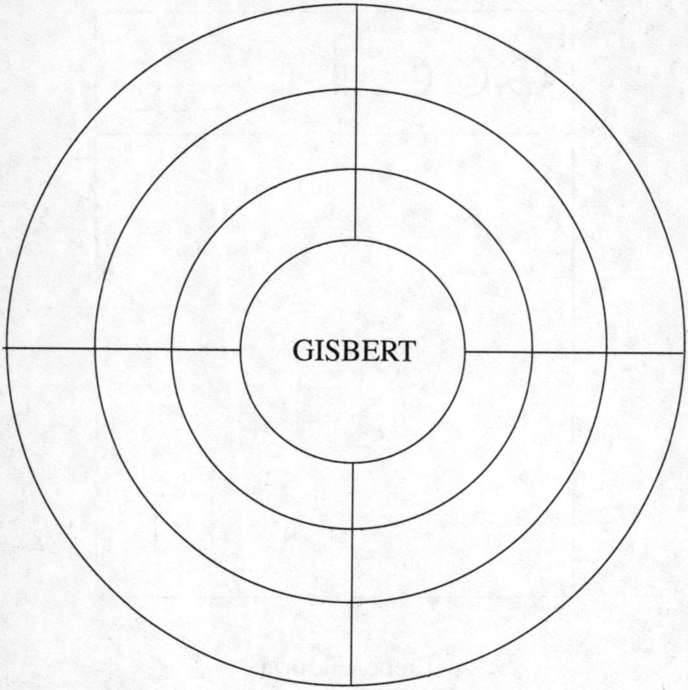

JA, ICH BIN SCHON SEHR ZIELSICHER, WENN ES GILT, ANDERE ZU KRITISIEREN. ABER WEHE, WENN ICH SELBER GETROFFEN WERDE, DANN BIN ICH VÖLLIG HUMORLOS. OBWOHL MEHR ALS BERECHTIGT, HAT MICH DEIN ZURÜCKZIEHEN SEHR STARK GETROFFEN. BITTE ENTSCHULDIGE MEINE AUSFÄLLE, UND MELDE DICH MAL WIEDER!

GRUSS

DEIN VOLKER

WOHIN?!

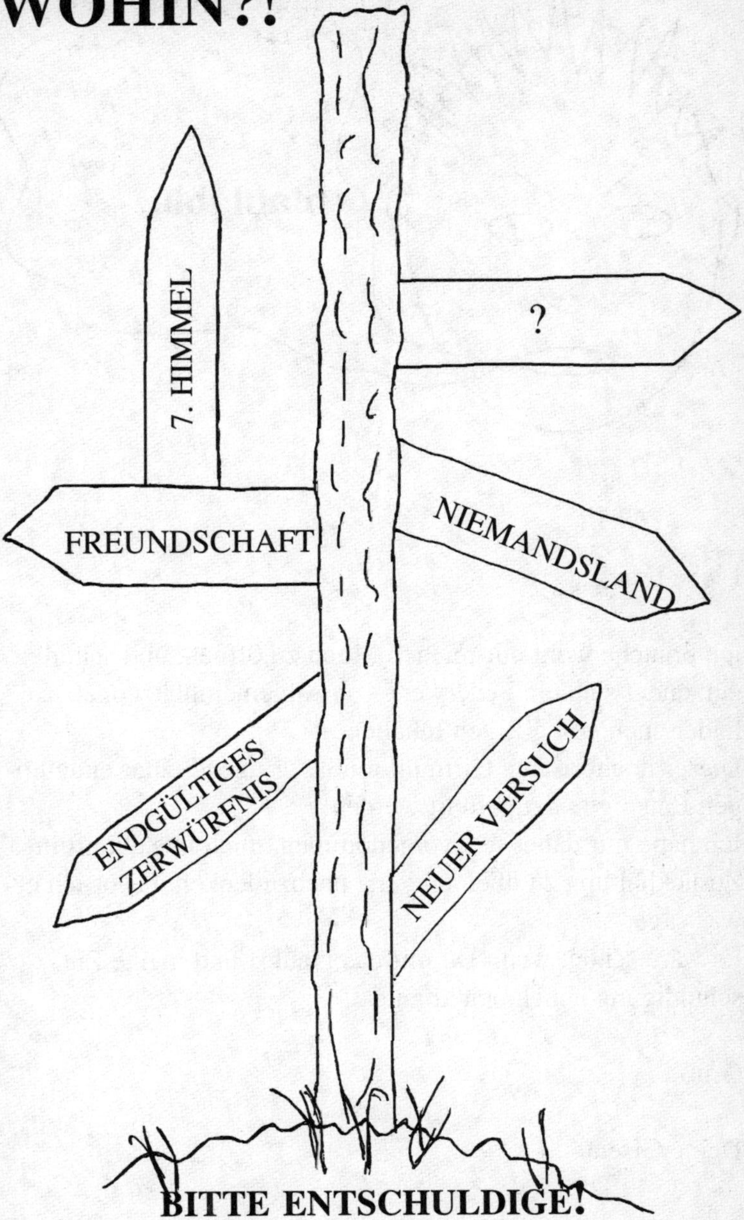

BITTE ENTSCHULDIGE!

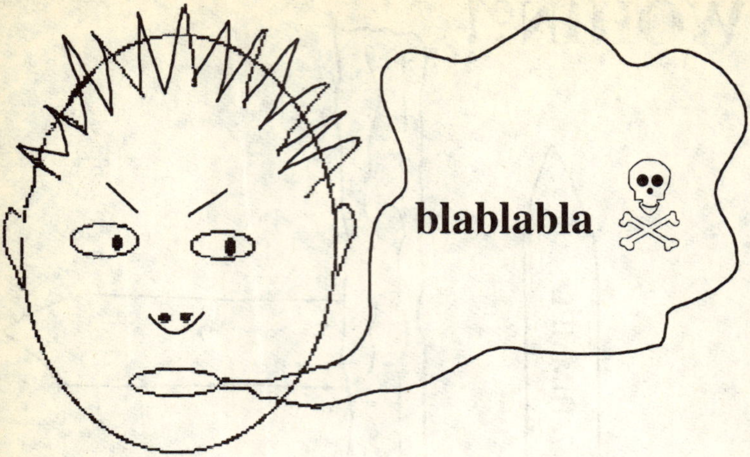

Liebe Frauke,

ich brauche wohl nur meinen Mund zu öffnen, und schon entzündet sich ein Feuerwerk von Allgemeinplätzen, aber leider auch von giftigen Inhalten.
Dieser hochbrisante Giftmüll müßte dringend einer endgültigen Entsorgung zugeführt werden!
Ich habe mir daher fest vorgenommen, mich in Zukunft in Zurückhaltung zu üben und erst nachzudenken, bevor ich etwas sage.
Es wäre schön, wenn Du mir das glaubst und meine Entschuldigung annehmen könntest!

Gruß

Deine Gisela

REMIS!?

Lieber Andreas,
da unser Zerwürfnis wohl darauf basiert, daß wir beide viele Fehler gemacht haben, könnten wir uns doch eigentlich auf ein gerechtes Remis einigen?!
Ich jedenfalls möchte mich bei Dir entschuldigen und hoffe, daß Du mein Angebot annimmst.
Den nächsten Zug hast Du!

Gruß

Deine Lucia

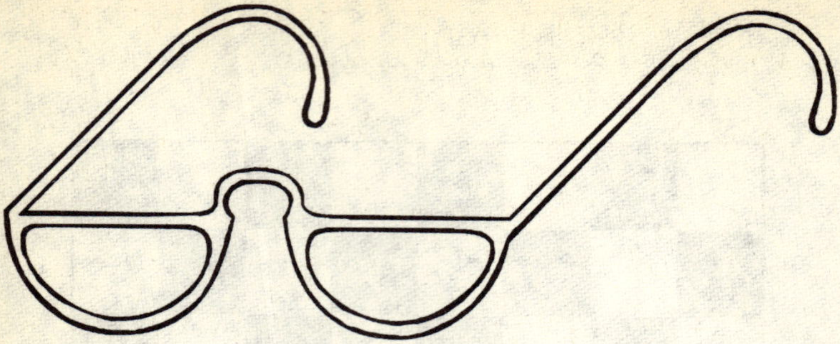

Mit Brille wär das nicht passiert!

Lieber Carsten,

daß meine Augen kurzsichtig sind, dafür kann ich nichts. Meine Brille schafft da ja auch Abhilfe. Daß meine Person aber offensichtlich auf der ganzen Linie kurzsichtig ist, das gibt schon eher Anlaß zur Besorgnis. Und leider ist eine Brille für solche Fälle noch nicht erfunden worden. Dennoch arbeite ich ernsthaft an einem besseren Durchblick und habe auch schon als erstes Ergebnis erkannt, daß ich ungerecht zu Dir war. Ich möchte mich daher bei Dir entschuldigen!
Ich habe mir jetzt Kontaktlinsen zugelegt und bin davon – wie es der Name ja schon verheißt – zusätzlich motiviert worden, wieder mit Dir Kontakt aufzunehmen. Ich hoffe, daß Du ähnlich denkst?!

Gruß

Dein Hans-Peter

it etwas
omme
undschaf
eren, nac
Alles
Kat
Ansons
durch a
ht hast
Suche na
tun, un
wieder
ich dich
t, mir
chtigen
sein!?
Liebe
harina
die Fre
zu aktivi
12345
Auf jed
aus tief
Du ja Lu
ch den ri
Ferdinan
ten bin ic
len Wind
d,
Vielleic
bei der
Lieber
h zur Ze
und bek
t zu Dir
dem
habe?
len Fall
stem He
dlagen!!!
mich
Dir
möchte ic
zen bei

Lieber Ferdinand,

was soll ich sagen, was kann ich tun, um die Freundschaft zu Dir wieder zu aktivieren, nachdem ich dich so grob beleidigt habe? Auf jeden Fall möchte ich mich aus tiefstem Herzen bei Dir entschuldigen!!!
Ansonsten bin ich zur Zeit etwas durch den Wind und bekomme nichts so richtig auf die Reihe. Vielleicht hast Du ja Lust, mir bei der Suche nach den richtigen Puzzleteilen behilflich zu sein!?

Alles Liebe
Katharina

Hans Mustermann

Musterallee 1 - 12345 Musterdorf - ☎ (01234) 56789

Kurzmitteilung

❑ Hallo ❑ Sehr geehrte(r) ❑ Sehr verehrte(r)
❑ Geschätzte(r) ❑ Liebe(r) ❑ Geliebte(r)
❑ Frau ❑ Herr ❑ Familie ❑ Nachbar(in)
❑ Freund(in) ❑ Kollegin ❑ Kollege ❑ Sonstiges

....

❑ Ich bitte um Entschuldigung ❑ Ich bitte um Vergebung ❑ Ich bitte um Verzeihung ❑ Ich bin untröstlich ❑ Ich hatte mich hinreißen lassen ❑ Wie konnte ich nur? ❑ Es tut mir so leid ❑ Ich war ja so unfair ❑ Ich habe meine(n) Fehler eingesehen ❑ Ich bin so ein Esel ❑ Ich könnte im Boden versinken
❑ Ich gelobe Besserung ❑ Ich möchte es ungeschehen machen ❑ Ich möchte es wiedergutmachen
❑ Gruß ❑ Liebe Grüße ❑ Herzliche Grüße ❑ Mit freundlichen Grüßen ❑ Hochachtungsvoll ❑ Kuß
❑ Bis hoffentlich bald
❑ Ihr ❑ Dein

Hans Mustermann

LIEBER HUBERTUS,

ICH BIN NICHT NUR ROTHAARIG, ICH HABE NICHT NUR EINE SCHWARZE KATZE, ICH HABE NICHT NUR EINEN BESEN, NEIN, ICH SCHEINE AUCH SONST EINE WASCHECHTE HEXE ZU SEIN. ANDERS LAESST SICH WOHL AUCH KAUM ERKLAEREN, WARUM ICH DICH SO SCHAENDLICH BEHANDELT HABE.
ICH HOFFE, DASS DU MEINE AUFRICHTIGE ENTSCHULDIGUNG ZUMINDEST EINMAL IN ERWAEGUNG ZIEHST UND DICH DANN MAL WIEDER BEI MIR MELDEST!

Bitte verzeih mir!

Michaela

Liebe Susanne,

entschuldige bitte, daß ich so lange nichts mehr von mir hören ließ!!!
Das letzte halbe Jahr war besonders beruflich so stressig, daß ich mir dringend eine Phase der absoluten Ruhe genehmigen mußte. Ich war „reif für die Insel", brauchte mal Abstand vom Alltag und Zeit, um über mein Leben nachzudenken.
So habe ich vier Wochen auf einer recht einsamen Insel in der Karibik verbracht, wo ich mal so richtig relaxed und neue Energien aufgetankt habe.
Ich hoffe, daß Du Verständnis für mich aufbringen kannst und wir uns recht bald mal wieder treffen!

Liebe Grüße

Dein Roland

JA, NEIN, JA, NEIN, VIELLEICHT!?

LIEBE *Lena,*

es ist schon NICHT SO einfach mit *mir,* da *ich* MICH *nie* SO RICHTIG entscheiden KANN. Mir fällt es sogar schon schwer, *eine* passende Schriftart für diesen Brief auszusuchen.

Aber was unsere Beziehung angeht, da bin ich mir jetzt ganz sicher: Ich möchte mit Dir zusammenbleiben und hoffe, daß Du das ähnlich siehst und mir meine Entschlußlosigkeiten der Vergangenheit verzeihen kannst! Ich warte auf Deinen Anruf!

Liebe Grüße

Dein Gerd

Liebe Vera!

eigentlich wollte ich diesen Text ja an Deine Hausmauer schreiben, aber das wäre wohl eine Nummer zu groß gewesen. Also hier etwas bescheidener meine aufrichtige Bitte, daß Du mir verzeihen mögest!

Ich liebe Dich!

Andreas

P.S. Ich bin ein 

Kapitel 3: Die individuelle Einladung

Erfüllen Sie Wünsche!

Wie bereits einleitend erwähnt, können Entschuldigungen mit einem Angebot verbunden werden. Dafür sind Einladungen besonders geeignet.

Die Palette reicht von der Offerte zu einem Essen bis hin zu einer Urlaubsfahrt. Es sollte aber deutlich werden, daß es nur ein Zeichen des Versöhnungswillens ist und vorbehaltlos die Entscheidungskompetenz in positiver wie negativer Ausrichtung des Adressaten akzeptiert wird.

Jetzt stellt sich natürlich die Frage, wie eine Einladung am besten transportiert werden könnte. Persönlich beziehungsweise telefonisch ist nicht unbedingt angesagt, so daß sich wieder der postalische Weg anbietet, ein/e ÜberbringerIn engagiert wird oder das schriftlich fixierte Angebot einem Blumenstrauß beigelegt wird, der zum Beispiel durch einen Blumenbringdienst angeliefert werden könnte.

Ist die Zustellungsart geklärt, geht es um das eigentlich Wichtige; nämlich darum, wozu überhaupt eingeladen werden soll. Hier sind schon einige Überlegungen anzustellen, da Mensch sich an den Bedürfnissen des Adressaten orientieren muß. Das heißt, es wird etwas angeboten, das nicht unbedingt auch den eigenen Interessen entsprechen muß; die Hauptsache ist, daß es für die/den andere/n eine Freude sein könnte.

Bei Kenntnis der Vorlieben dürfte es nicht schwerfallen, etwas Passendes zu finden. Ist zum Beispiel bekannt, daß sie/er gerne einmal ein bestimmtes Sportereignis live miterleben möchte, so kann Mensch sich um Eintrittskarten bemühen. Steht sie/er zum Beispiel eher auf den Besuch einer speziellen Fernsehshow, dann wird versucht, etwas in dieser Richtung zu arrangieren.

Eine Einladung muß aber nicht unbedingt mit finanziellen Investitionen verbunden sein. Häufig freut sich die/der andere auch über Angebote, die irgendwelche anderen Aktivitäten betreffen, wie zum Beispiel einen gemeinsamen ausgedehnten Spaziergang, der ihr/ihm bisher immer von der/dem AbsenderIn wegen eigener Lauffaulheit verweigert wurde.

Für was Sie sich auch immer entscheiden, Sie müssen voll dahinterstehen, da ansonsten neue Probleme vorprogrammiert sein könnten.

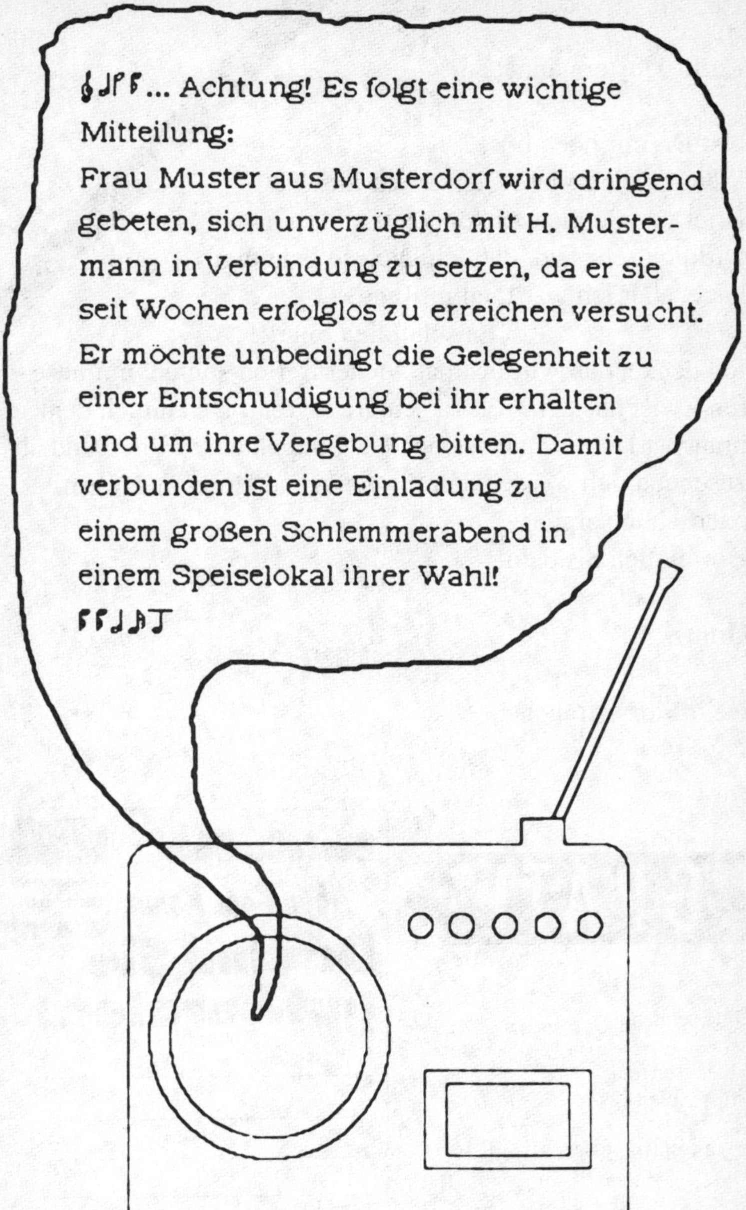
... Achtung! Es folgt eine wichtige Mitteilung:
Frau Muster aus Musterdorf wird dringend gebeten, sich unverzüglich mit H. Mustermann in Verbindung zu setzen, da er sie seit Wochen erfolglos zu erreichen versucht. Er möchte unbedingt die Gelegenheit zu einer Entschuldigung bei ihr erhalten und um ihre Vergebung bitten. Damit verbunden ist eine Einladung zu einem großen Schlemmerabend in einem Speiselokal ihrer Wahl!

Schon probiert?

Hallo Mustermännchen,

bist Du mir noch böse?
Wenn ja, hoffe ich, Dich durch diesen Brief umstimmen zu können. Es tut mir wirklich sehr leid, daß ich Dich so beleidigt habe, aber ich war total in Rage.

Entschuldige bitte!!!

Ich denke, daß wir uns mal wieder treffen sollten, um unseren Zwist aus der Welt zu schaffen. Wenn Du ähnlich denkst, brauchst Du nur untenstehenden Coupon auszufüllen und abzusenden; ich werde dann für genügend Holz- und Weinnachschub sorgen.
Hoffentlich bis bald!

Gruß

Dein Musterfrauchen

GRATIS

Bitte senden an:

M. Musterfrau
Musterallee 1

12345 Musterdorf

Bestellcoupon

☒ ***Abend am Kamin***

STIFTUNG WARENTEST
Qualitätsurteil:
sehr gut

Da sind Sie gut beraten!

Name

Straße

PLZ/Ort

Unterschrift

„DIE ENTSCHULDIGUNG"

ORIGINALTITEL	:	"I am sorry"
HAUPTDARSTELLER	:	Du
MUSIK	:	Armatrading, … Zappa
PRODUZENT	:	Ich
REGIE	:	Du und ich

Schon fast drei Wochen sind vergangen, seit wir uns das letzte Mal gesehen haben. Nach dieser – von mir verursachten – Zwangspause wird es eigentlich einmal Zeit, daß wir uns aussprechen! Ich möchte Dich daher bitten, meine aufrichtige Entschuldigung zu akzeptieren und lade Dich zu einem Versöhnungsessen ein.
Premierentag unserer hoffentlich gemeinsamen Geschichte ist Freitag, der 24. Juni, um 20:00 h in der „Schlemmerie"! Die Plätze sind fest reserviert, und ich hoffe, daß Du meine Einladung annimmst. Ich könnte allerdings auch verstehen, wenn Du nichts mehr von mir wissen willst, da ich Dich doch sehr enttäuscht habe. Ich kann meinen unverzeihlichen Fehler leider nicht wiedergutmachen, möchte Dir aber sagen, daß ich ihn zutiefst bedauere und den wertvollen Kontakt zu Dir wiederaufnehmen möchte.
Ich wäre sehr glücklich, wenn wir das Drehbuch unserer weiteren Beziehung gemeinsam schreiben könnten.

Und damit alles zwischen uns noch besser wird als in den guten alten Tagen: Ich gelobe feierlich Besserung und viel mehr Selbstkritik.
Ich wünsche mir nichts sehnlicher, als daß der Film unserer menschlichen Beziehung zueinander mit einem „Happy-End" versehen ist.

Verzeih mir bitte!

Liebe Gisela,

ich hoffe, daß Du mich noch nicht endgültig aus Deiner Liste guter Bekannter (Freunde?) gestrichen hast!
Auf jeden Fall möchte ich mich aber bei Dir für meine ungerechtfertigten Äußerungen entschuldigen; ich war wohl nicht ganz bei mir.
Wenn Du Interesse hast, dann könnten wir ja mal wieder etwas zusammen unternehmen.
Was wäre da besser geeignet als unser gemeinsames Hobby!?
Ich lade Dich daher zu einer ausgedehnten Fahrradtour mit Picknick ein. Termin und Route müßten wir dann noch festlegen. Wie wär's am nächsten Wochenende, falls das Wetter gut ist?
Dein evtl. Gegenvorschlag ist hiermit schon akzeptiert. Ich würde mich sehr freuen, wenn Du zusagen würdest.
Immer guten Tritt!

Gruß

Dein Kay

12345

URTEIL

IM NAMEN DES VOLKES ergeht hiermit folgendes **URTEIL**:

Der Angeklagte **A. Mustermann** wird für schuldig befunden, sich gegenüber seiner langjährigen Freundin **B. Mustermann** in gröblicher Weise wider den Gesetzen der Menschlichkeit verhalten zu haben.
Er wird daher zu einer Entschuldigung verurteilt, die sein ernsthaftes Bedauern und Reue erkennen lassen. Darüber hinaus muß er dem Opfer seiner Missetat die Einladung zu einem großen Essen in einem Fünf-Sterne-Restaurant aussprechen.
Die Kosten des Verfahrens trägt der Verurteilte.

Begründung:

Die Hauptverhandlung hat ergeben, daß der Angeklagte sein Fehlverhalten zugegeben hat, also geständig war. Er hat sich lange damit auseinandergesetzt und schämt sich seiner Tat.
Da dem Angeklagten keine böse Absicht nachgewiesen werden konnte, war bei der Strafzumessung nach dem Grundsatz „in dubio pro reo" zu verfahren. Das vergleichsweise milde Urteil wurde auch durch die glaubhafte Versicherung des Angeklagten getragen, daß er alles in seinen Kräften Stehende versuchen möchte, um die Freundschaft seines Opfers zurückzugewinnen. Er gelobte harte Arbeit an seiner Person und versprach, daß es nie wieder zu einem derartigen Aussetzer bei ihm kommen wird.
Nach **§ 14 Abs. 2 GzmB** (Gesetz zwischenmenschlicher Beziehungen) wird dem Verurteilten eine lebenslange Bewährungszeit auferlegt. Die Ratifizierung dieses Urteils liegt ausschließlich in den Händen der Frau **B. Musterfrau.** Sie hat das Recht, darüber hinausgehende Auflagen und Vorgaben zu erteilen.

Musterrichter

LIEBSTE ULRIKE!

Was soll ich sagen, was kann ich tun, damit unsere so tolle Freundschaft nicht dadurch beendet wird, daß ich einen totalen „Blackout“ hatte und Dich mehr als ungerecht behandelt habe? Es tut mir so wahnsinnig leid, ja, ich schäme mich für mein skandalöses Verhalten. Mir bleibt wohl nur noch, Dich um Verzeihung zu bitten.

Ich möchte Deine Zuneigung zurückgewinnen, möchte Dich davon überzeugen, daß ich es ehrlich meine. Als Einfallspinsel, der ich nun einmal bin, ist mir leider nichts Besseres eingefallen, als Dich zu einem Wochenendtrip nach München ins altertümliche Museum einzuladen. Dort könntest Du Deinen Forschungen nachgehen, und wir versuchen, unsere Beziehung zu klären und ggf. neu zu definieren.

Bitte laß Dir Zeit mit Deiner Antwort, überdenke Deine Gefühle zu mir, und gib mir dann bitte Bescheid.

Solltest Du einen besseren Vorschlag haben, so bin ich dafür natürlich auch völlig offen.

L
I
E
B
E

G
R
Ü
S
S
E

Dein Hans-Jörg

URKUNDE

für: Frau **MUSTER**

Die Jury zur Auswahl besonders wertvoller Exemplare der Spezies „homo sapiens“ hat sich in diesem Jahr – erstmalig – einstimmig für die Auszeichnung von Frau MUSTER entschieden.
Begründung:
Trotz einer Flut von Vorschlägen mußte die Ausgezeichnete erwählt werden, da sie – wie nie zuvor – positive Eigenschaften auf sich vereinigt, die kaum für möglich gehalten wurden.
Aus der unendlich langen Liste ihrer Qualitäten seien hier nur einige hervorgehoben:

- Toleranz
- Einfühlungsvermögen
- Großzügigkeit
- Vorurteilsfreiheit
- Vertraulichkeit
- Selbstlosigkeit

Sie repräsentiert den Inbegriff von Humanität, sie ist ein fast unbeschreiblich wertvoller Mensch.
Die Auszeichnung möchte ein Mann vornehmen, der sie bitter enttäuscht hat, sich aber dafür schämt und sich bei ihr entschuldigen möchte. Die Übergabe der Urkunde erfolgt im Rahmen einer Einladung zu einem Fünf-Gänge-Menü.
Veranstaltungsort und -datum: Schloßhotel Musterstadt, den 4. April 1994, 20^{00} Uhr.

Musterjury

Einladung zu einem ganz besonderen Vergnügen

Liebe Musterfrau,

bitte entschuldige, bitte entschuldige, bitte entschuldige!!! Ich hatte Dich mal wieder völlig zugequatscht und dabei Deine Gefühle total ignoriert. Das wird mit Sicherheit nie wieder vorkommen – das schwöre ich Dir.
Als Buße für meinen übertriebenen Egoismus habe ich mir etwas Besonderes ausgedacht: Ich lade Dich zu einem gemeinsamen Wochenende in eine Pension an der Nordsee ein, wobei ich Dir für den ersten Tag das Angebot mache, daß Du mir alles sagen kannst, was Dir auf der Seele liegt, und ich werde es mir kommentarlos anhören, ohne Dir – wie sonst üblich – ins Wort zu fallen. Am folgenden Tag können wir unsere Freundschaft vielleicht gemeinsam neu definieren.

Ich hoffe, Du kommst mit!
Gruß

Deine
Musterfreundin

☞ ☎ **34568**

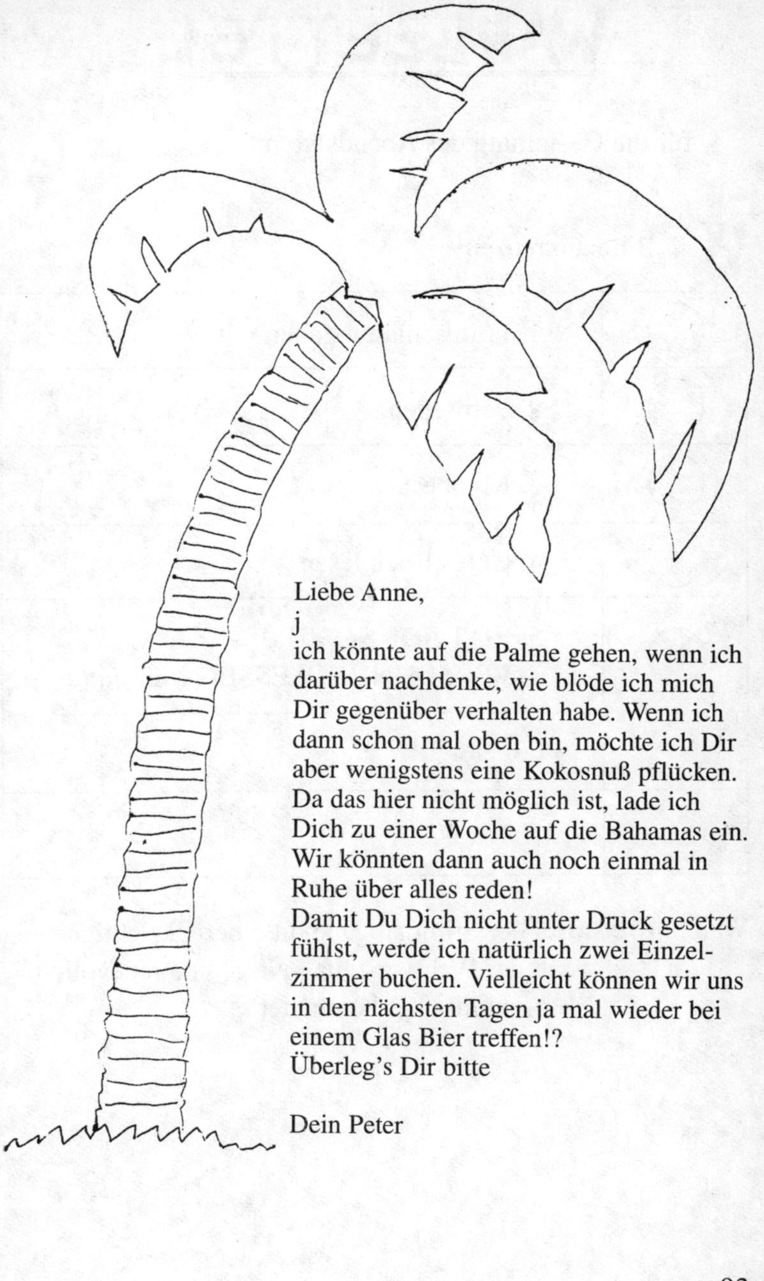

Liebe Anne,

j

ich könnte auf die Palme gehen, wenn ich darüber nachdenke, wie blöde ich mich Dir gegenüber verhalten habe. Wenn ich dann schon mal oben bin, möchte ich Dir aber wenigstens eine Kokosnuß pflücken. Da das hier nicht möglich ist, lade ich Dich zu einer Woche auf die Bahamas ein. Wir könnten dann auch noch einmal in Ruhe über alles reden!
Damit Du Dich nicht unter Druck gesetzt fühlst, werde ich natürlich zwei Einzelzimmer buchen. Vielleicht können wir uns in den nächsten Tagen ja mal wieder bei einem Glas Bier treffen!?
Überleg's Dir bitte

Dein Peter

WAHLZETTEL

für die Gestaltung des Abends vom: ....

☒ Bitte ankreuzen!

○	1. Früh schlafen gehen
○	2. Fernsehen
○	3. Kinobesuch
○	4. Gutes Buch lesen
○	5. EINLADUNG ZUM VERSÖHNUNGSESSEN MIT *Jutta!*
○	6. Fete
○	7. Sonstiges

Wahlhinweis: Bei der Stimmabgabe bitte berücksichtigen, daß der Wahlvorschlag Nr. 5 eine reuevolle Entschuldigung beinhaltet!

Einladung

Lieber Mustermann!

Wenn Du am nächsten Samstag noch nichts vorhast, dann möchte ich Dich zu mir einladen.
Du gehst völlig recht in der Annahme, daß es ein Versöhnungsabend werden soll. Ich möchte mich bei Dir entschuldigen und Dir gleichzeitig zeigen, wie wertvoll mir unsere Freundschaft ist.
Außer einem Empfang mit Champagner und einem von mir selbst zubereiteten pompösen Abendmahl erwarten Dich auch noch ein paar andere Überraschungen. Mehr wird noch nicht verraten.
Ich rechne so gegen 20:00 Uhr mit Dir. Solltest Du nicht können oder wollen, dann wäre es nett, wenn Du mir bis einen Tag vorher eine Nachricht zukommen lassen könntest!

Dann bis hoffentlich Samstag!

Es lohnt sich wirklich !

```
******  *****  *  *****  *   *   *   *   ***
    *   *      *    *    *   *   **  *  *   *
   *    ****   *    *    *   *   * * *  *
  *     *      *    *    *   *   *  * * *  **
 *      *      *    *    *   *   *   **  *   *
******  *****  *    *     ***    *    *   ***
```

ENTSCHULDIGUNG

Musterdorf. Wie die Redaktion aus gut unterrichteten Kreisen erfahren hat, plant der durch ungerechte Verhaltensweisen ins Gerede gekommene M. Mustermann eine Versöhnung mit seinem „Opfer“. Er möchte sich im Rahmen einer Einladung zu einem großen Essen für seine beleidigenden Worte entschuldigen sowie das Versprechen abgeben, daß er in Zukunft erst denken und dann sprechen wird.

– – private Kleinanzeige – –

!!!!!!!!!!!!!!!!!!!!!!!!!!!!!

Liebe Frau **MUSTER**,
ich möchte mich hiermit öffentlich bei Ihnen für mein unakzeptables Benehmen entschuldigen!
Ihr M. Mustermann

!!!!!!!!!!!!!!!!!!!!!!!!!!!!!

Love-Story?

Musterdorf. Wie uns erst heute bekannt wurde, kam es am letzten Wochenende zu einem Zerwürfnis der langjährigen Freunde M. Mustermann und Frau Muster. Er soll sie nach übermäßigem Alkoholkonsum beschimpft und beleidigt haben. Frau Muster soll die Stätte des Geschehens fluchtartig verlassen haben, während er sich noch bis zum Abwinken der flüssigen Droge hingab. Inzwischen ist davon zu hören, daß es Bemühungen gibt, die Wogen zu glätten. Wir werden Sie in den nächsten Tagen weiter ausführlich unterrichten.

ZWISCHENMENSCHLICHE BEZIEHUNGEN?!

Auf Befragen teilte uns Prof. Dr. M. Musterexperte mit, daß es in letzter Zeit immer häufiger zu Irritationen im Zusammenleben der Menschen kommt. Er führt das auf mehrere Faktoren zurück, die er uns nicht im einzelnen erläutern wollte. Er verwies lediglich auf sein im nächsten Monat neu erscheinendes Buch zu diesem Themenkomplex.

Exklusiv nur für unsere Leserin

FRAU MUSTER

COUPON

Einladung

siehe oben

STECKBRIEF

GESUCHT:

Name:	Musterfrau
Alter:	28 Jahre
Größe:	176 cm
Gestalt:	schlank
Augenfarbe:	grün
Haarfarbe:	rotbraun
Besondere Kennzeichen:	sehr attraktiv

FAHNDUNGSGRUND:

Die Entschuldigung und die Versöhnungsabsicht des M. Mustermann konnte bisher nicht persönlich übermittelt werden.

BELOHNUNG:

Eine Einladung ins Kabarett mit anschließendem Kneipenbummel.

SACHDIENLICHE HINWEISE:

bitte unter ☎ 12345 an M. Mustermann!

ZU BEACHTEN:

Musterfrau macht häufig von ihrem bezaubernden Lächeln Gebrauch.

„UND SIE DREHT SICH DOCH!"

Liebe Marianne,

ich lebe offensichtlich noch genauso hinterm Mond wie die Leute, die im 17. Jahrhundert Galileo Galilei für seinen oben zitierten Satz verspotteten.
Ich muß gestehen, daß Du – wie damals er – recht hattest, als Du mir den Verlauf und den Ausgang der bewußten Sache vorhergesagt hast. Ich möchte mich daher für meine unfundierten und teilweise aggressiven Äußerungen bei Dir entschuldigen.
Es gibt mir langsam zu denken, daß ich häufiger mal völlig danebenliege und meine Position trotzdem hartnäckig vertrete, aber aus Erfahrung wird der Mensch ja so langsam klug.
Da ich mich mit Dir versöhnen möchte, habe ich mir gedacht, ich lade Dich zu einer Aktivität ein, die irgendwie im Zusammenhang mit Galileis Ausspruch steht. Dazu ist mir der Jahrmarkt eingefallen, der am Samstag auf dem Schützenplatz beginnt. Wir könnten zusammen Karussel fahren, Zuckerwatte essen und was uns sonst noch so Spaß macht.
Wenn Du Lust hast, dann ruf mich bitte an.

Liebe Grüße

Deine Astrid

Mitgl. gebpfl. 1 frei 2	K.O. Kasse	LRK	CKK	OKK	WdAK	BEV	Gesundbeter-innung	UV*)

Name des Versicherten: Muster — Vorname: Viola — geb. am: 14.07.1969

Fam.-Angeh. gebpfl. 3 frei 4

Ehegatte/Kind: —

Mitgl.-Nr.: 12345

Rentner u.Fam.-Angeh. gebpfl. 5 frei 0

Wohnung des Patienten: 56789 Musterstadt - Musterallee 2 A

BVG 6	Sonstige 7	8	Sprechst.-bedarf 9	Datum: 16.04.1996

Anz.d.Anteile	*)Unfalltag	Unfallbetrieb

Taxe

Rp. (Bitte Leerräume durchstreichen!)

1 Entschuldigung des Herrn Ungerecht
1 Einladung zum Essen
1 Gutschein ..... BITTE SELBER EINTRAGEN!

Dr. h.c. Schuldig
Musterallee 12
12345 Musterdorf

Kassenarztstempel

Schuldig
Unterschrift des Arztes

Wird die Arznei während der Nachtzeit (20 bis 7 Uhr) abgeholt, so hat der Patient die Nachttaxe (2,- DM) zu zahlen, sofern der Arzt nicht einen entsprechenden Vermerk anbringt. Muster 16 (1.1988)

Herzlich willkommen!

Sehr geehrte Musterfamilie,

der Streit, der sich zwischen uns wegen Kabbeleien unserer Kinder entwickelt hatte, sollte doch eigentlich beigelegt werden können.
Natürlich war es nicht richtig, daß unsere Mustertochter Ihrem Mustersohn so aggressiv entgegengetreten ist, als der mal nicht so wollte wie sie. Wir denken aber, daß die beiden das auch sehr gut unter sich regeln könnten und wir deshalb unsere freundschaftlichen Beziehungen nicht zwangsläufig aufgeben müssen.
Mustertochter hat ihr Verhalten inzwischen auch bereut und möchte mal wieder mit Mustersohn spielen.
Wir möchten Sie daher am nächsten Sonntag zu Kaffee und Kuchen bzw. Kakao und Kuchen zu uns einladen. Wir könnten dann mal vernünftig über alles reden und werden sicherlich zu einem Konsens finden.
Wir sind nicht nur wegen der Kinder an Ihrer Freundschaft interessiert, wir denken auch, daß wir Erwachsene viele Gemeinsamkeiten entdecken könnten.

Dann bis hoffentlich Sonntag!

Ihre
Familie Muster

Die Qual der Wahl für Samstag, den 24. Juni 1996, um 20:00 Uhr:

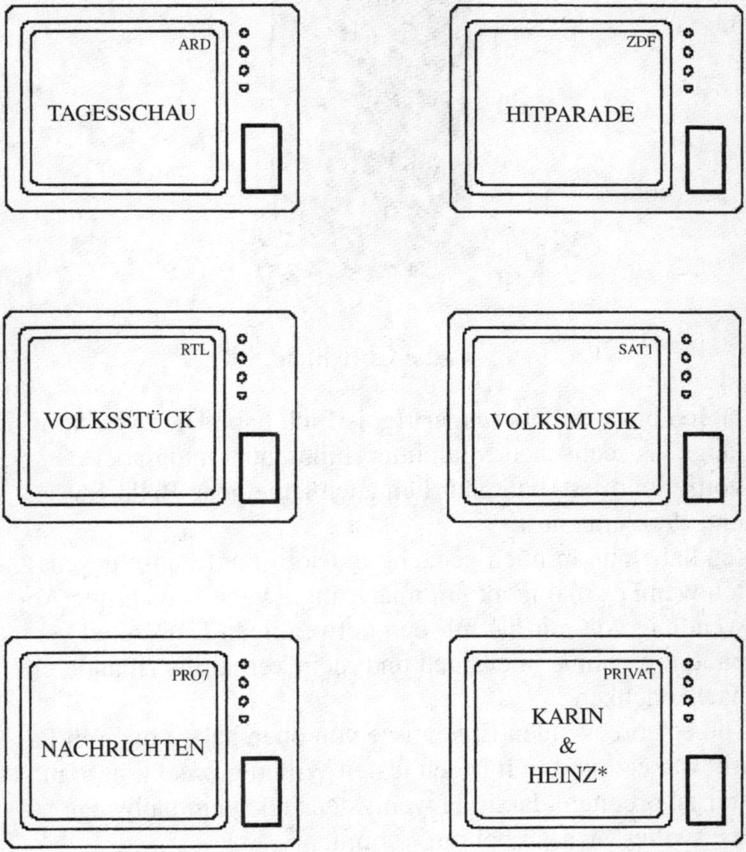

* Liebesgeschichte mit hoffentlichem Happy-End: Er vergrault die große Liebe seines Lebens. Sie ist zu Recht enttäuscht. Er bedauert das alles sehr, möchte sich bei ihr entschuldigen und lädt sie zu einem guten Essen, Kneipenbummel und was ihnen sonst noch so einfällt ein. Ob sie ihn erhört?

Liebe Christiane,

ja, ich bin wohl ein totaler Egoist! Ich habe Dich viel zu lange als seelischen Mülleimer mißbraucht und dabei völlig ignoriert, daß natürlich auch Du eigene Bedürfnisse und Probleme hast.
Ich habe nur an mich gedacht und sofort auf Pause geschaltet, wenn es mal nicht um mich ging. Deine berechtigte Abwendung von mir hat mir den notwendigen Denkzettel verpaßt, um einmal über mich und mein Verhältnis zu anderen nachzudenken.
Die erschreckenden Ergebnisse von oben haben mich in Panik versetzt und in mir den festen Willen geweckt, hart an mir zu arbeiten, damit da wenigstens noch ein halbwegs wertvoller Mensch bei rauskommt.
Da ich nicht schon wieder Deine Hilfe in Anspruch nehmen möchte, Dich aber andererseits unheimlich gerne wiedersehen möchte, hoffe ich, daß Du meine Einladung zu einem lustigen Theaterabend (Lustspiel!) annimmst!?!

Gruß
Dein Robert

Psssst!!!

STRENG GEHEIM

Lieber Hans,

ich bin mir durchaus der Tatsache bewußt, daß eine popelige Entschuldigung bei Dir nicht ausreicht, sondern ich mir etwas Besonderes einfallen lassen mußte, um Dich um Verzeihung zu bitten und eine Art Wiedergutmachung zu leisten.
Wie du weißt, hasse ich alles, was mit Haushalt zu tun hat und rühme mich auch immer damit, daß ich diese der Frau zugewiesenen Tätigkeiten niemals akzeptieren werde.
Als eine Art Buße für mein blödes Verhalten Dir gegenüber möchte ich einmal eine Ausnahme machen und Dich zu einem pompösen Abendmahl bei mir einladen. Wie wär's mit Freitag gegen 20:00 Uhr? Wir können es aber auch verschieben, ganz wie Du möchtest!

Aber bitte, bitte sag es niemandem weiter, mein Ruf wäre ruiniert!

Bis dann,
Dein Frank

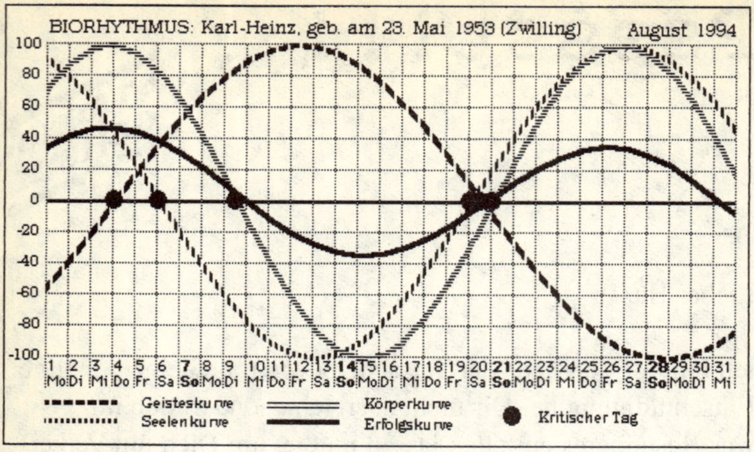

Liebe Gabriele,

wie Du meiner Biorhythmus-Tabelle entnehmen kannst, wäre ich am Wochenende um den 19. herum wohl besser im Bett geblieben, da aber auch alle Werte im kritischen Bereich waren. Uns wäre viel erspart geblieben, wenn ich mir die Daten nicht erst jetzt, sondern vorher angesehen hätte.
So kam es, wie es kommen mußte, und wir haben uns so richtig schön gestritten. Da die Hauptschuld an unserem Zerwürfnis ich zu tragen habe, möchte ich mich hiermit bei Dir entschuldigen und Dich zu einem fürstlichen Mahl bei Deinem Lieblingsitaliener einladen.
Mach bitte ein paar Terminvorschläge! Ich werde diese dann rechtzeitig auf disharmonische Tendenzen abklopfen.

Gruß
Dein Karl-Heinz

Kapitel 4: Der selbstentworfene Gutschein

Seien Sie kreativ!

Mit Gutscheinen verhält es sich ähnlich wie mit Einladungen; es existiert jedoch ein wesentlicher Unterschied: Während bei Einladungen jeweils die Teilnahme der/des Absenderin/s fest eingeplant ist, kann sich die/der AdressatIn bei einem Gutschein – wenn nicht erkennbar ausgeschlossen – freier entscheiden. Das heißt: Sie/er hat die Wahl, ob sie/er das Angebot überhaupt annimmt und es alleine, mit Dritten oder mit der/dem AbsenderIn wahrnimmt. So muß zum Beispiel der Gutschein für einen Theaterbesuch nicht unbedingt für die beiden Beteiligten genutzt werden.

Sollte eine Sache oder Aktivität in Erwägung gezogen werden, für die es keinen vorgedruckten (offiziellen) Gutschein gibt, dann wird dieser in bewährter Eigeninitiative entworfen und gestaltet. Da er als Gutschein identifizierbar sein muß, wird gleichnamiges Wort als Überschrift verwendet oder gut sichtbar irgendwo im Text untergebracht. Ansonsten gelten die gleichen Kriterien wie bei Briefen und Einladungen.

Vielleicht noch ein paar Worte zu den möglichen Kosten. Natürlich gilt auch hier, daß nur im Rahmen der finanziellen Möglichkeiten gehandelt werden kann, aber durchaus die Ausstellung von Gutscheinen denkbar ist, die keine oder nur geringe finanzielle Investitionen erforderlich machen (zum Beispiel ein Gutschein für eine Fahrradtour mit Picknick).

GUTSCHEIN

(für einen exklusiven Schlemmerabend)

Gültig für (nicht übertragbar!):	**M. Musterfrau**
Termin:	jederzeit
Ort:	„Schlemmerparadies“
Anfahrt:	Abholservice
Kleidung:	wie immer
Trinkgeld:	nicht nötig
Voraussetzungen:	keine
Rückfahrt:	Bringservice oder kostenfreies Taxi
Anlaß:	das unglaublich schlechte Gewissen des M. Mustermann
Absicht (völlig unverbindlich!):	die Entschuldigung des M. Mustermann und sein Wunsch nach Versöhnung

RESERVIERUNG BITTE UNTER:

28964

rund um die Uhr!

Bankleitzahl
98765432

Sparkasse Musterstadt

Zahlen Sie gegen diesen Scheck aus meinem/~~unseren~~ Guthaben

— EINE MILLION —

Küsse in Buchstaben

KÜSSE: –1 Mio.–

– NEUNHUNDERTNEUNUNDNEUNZIG – Küßchen wienebenstehend

an HILDE MUSTER oder ~~Überbringer~~

MUSTERSTADT, 04/06/96
Ausstellungsort, Datum

Mustermann
Unterschrift des Ausstellers

Verwendungszweck WIEDERGUTMACHUNG WEGEN VERNACHLÄSSIGUNG
(Mitteilung für den Zahlungsempfänger)

Scheck-Nr.	X	Konto-Nr.	X	Betrag	X	Bankleitzahl	X	Text
000000123456		123456789				98765432		

Bitte dieses Feld nicht beschriften und nicht bestempeln

Lieber Mustermann,

diese unerträgliche Ruhe zwischen uns macht so langsam keinen Spaß mehr.
Daher habe ich mich entschlossen, den ersten Schritt zu tun und Dich um Verzeihung zu bitten. Es sollte doch mit dem Teufel zugehen, wenn wir beide uns nicht wieder versöhnen.
Da ich Dir eine Freude machen möchte, habe ich Dir zwei Eintrittskarten fürs Theater beigelegt. Sie sind für die Komödie: „Wem die Stunde schlägt".
Die zweite Karte ist für eine Person gedacht, mit der Du Dir das Stück gerne gemeinsam ansehen möchtest. Das kann z.B. Deine Mutter sein, oder Deine Schwester oder ...

Mach's gut,
Deine
Maria Muster

COUPON

Ich nehme Frau Muster mit!
Bitte ankreuzen !

JA ○

NEIN ○

VIELLEICHT ○

Absender:
M. Mustermann
Musterstr. 1
12345 Musterdorf

Senden an:
M. Muster
Musterweg 1
12345 Musterdorf

oder: ☎ **54321**

EXKLUSIV
Gutschein

für M. MUSTERFRAU

Liebe Eva,

mit diesem Gutschein möchte ich Dir zeigen, daß ich mein blödes Verhalten bereue und Dich um Verzeihung bitten möchte.
Ich habe mir nur für Dich etwas Besonderes einfallen lassen, das Dir bestimmt gefallen wird. Wir müssen uns eigentlich nur noch über den Termin einigen, dann kann es losgehen.
Programm: Ich hole Dich morgens gegen 10:00 Uhr mit meinem Auto ab. Wir fahren dann an die See zum (Sonnen-) Baden. Ein von mir bestückter Picknickkorb wird uns über Wasser halten, bis ich Dich gegen Abend zu einem tollen Essen in ein Nobel-Restaurant einlade. Danach könnten wir noch eine gemütliche Kneipe aufsuchen und/oder in die Disco gehen. Den Ausklang des Abends bestimmst dann Du ganz alleine.

Ich hoffe, daß Du Lust dazu hast!

Gruß
Dein Winfried

Sonderdruck

BESTELLSCHEIN

3 MONATE
RÜCKGABERECHT

<u>Familienname</u>
Musterfrau

<u>Vorname</u>
Petra

<u>Straße</u>
Musterstr. 1

<u>Telefon</u>
01234/56789

<u>PLZ</u> <u>Wohnort</u>
12345 Musterstadt

In Anerkennung Ihrer Geschäftsbedingungen bestelle ich:

Menge	Artikel-Kurzbezeichnung	Preis
☐	Entschuldigung M. Mustermann	1 Anruf
☐	Versöhnung M. Mustermann	1 Anruf
☐	Freundschaft M. Mustermann	1 Anruf
☐	Versöhnungsgeschenk M. Mustermann	1 Anruf

☐ Ich bin an weiteren Angeboten interessiert

Bestelldatum ....

Unterschrift ....

Am schnellsten geht's per Telefon

87654

Vielen Dank für Ihren Auftrag!

166 cm DUMMHEIT ...

Liebe Bärbel,

nur gut, daß ich relativ klein bin, sonst wäre ich wahrscheinlich von noch mehr Dummheit geschlagen. Und die Portion, die mich befallen hat, ist ja wohl schon mehr als nur ausreichend.

Aber unabhängig von der Größe möchte ich mich bei Dir dafür entschuldigen, daß ich mal wieder nicht kapiert hatte, was Du mir eigentlich sagen wolltest, und ich dann ausfallend geworden bin.

Zur Wiedergutmachung akzeptiere bitte diesen GUTSCHEIN, den Du für jeden cm meiner Größe (Sprich: 166) gegen jeweils eine Einladung zum Essen, Kino etc. bei mir einlösen kannst.

Gruß
Deine Ruth

Gelegenheit !

Liebe Musterfrau, lieber Mustermann,

es tut uns wahnsinnig leid, daß unser letzter Doppelkopfabend mit einem Fiasko endete.
Wir waren wohl alle nicht so ganz gut drauf, so daß wir das Spiel – entgegen unserer sonstigen Einstellung – zu ernst genommen haben.
Weil mein Mann dabei durch besonders verbissene Spielweise unangenehm auffiel und auch leicht ausfallend wurde, möchte er sich aufrichtig bei Ihnen entschuldigen.
Wir haben uns zur Versöhnung und als eine Art Wiedergutmachung einiges für Sie ausgedacht. Wenn Sie interessiert sind und mehr erfahren wollen, dann füllen Sie doch untenstehenden Coupon aus oder rufen einfach an. Bis hoffentlich bald!

Grüße
Familie Muster

BITTE senden Sie uns Informationsmaterial!

____
Name

____
Anschrift

____
Wohnort

Bitte ausschneiden und adressieren an:

A. & B. Muster
Musterstr. 1
12345 Musterstadt

☎ 67890

GUTSCHEIN

Liebe Sigrid,

ich bin in mich gegangen und zu der festen Überzeugung gelangt, daß Du völlig recht hattest: Ich habe mich immer wie ein Pascha aufgeführt.
Daher möchte ich Dich zunächst um Verzeihung bitten und Dir gleichzeitig diesen Gutschein überreichen: Ich werde Dir an einem Tag Deiner Wahl von morgens 7.00 Uhr bis Mitternacht als eine Art Butler zur freien Verfügung stehen. Nach der Servierung eines tollen Frühstücks kannst Du mich zum Einkaufen, Wäschewaschen, Staubsaugen, Aufwischen, Abwaschen und was Dir sonst noch so einfällt einsetzen. Ich werde Deine Anweisungen mit Freude und Fleiß ausführen.
Sollten wir irgendwann wieder zusammenfinden, dann verspreche ich Dir, daß sämtliche Arbeiten gerecht unter uns aufgeteilt werden. Ich habe mich viel zu lange bedienen lassen und möchte jetzt auch mal Dich verwöhnen.

Gruß & Küsse!
Dein Guido

Reservierung des Butlers bitte unter 12345

Musterstadt, 4. August 1994

Liebe Conny,

lange, zu lange ist es her, seit wir uns das letzte Mal gesehen haben.
Wir sind auseinandergegangen, ohne daß ich mich bei Dir für mein unmögliches Verhalten entschuldigen konnte. Das möchte ich hiermit nachholen.
Wir haben uns doch eigentlich immer sehr gut verstanden und sollten unsere Freundschaft nicht gleich beenden, wenn mal Probleme auftreten. Es kann ja nicht immer nur Sonnenschein sein; das wäre wohl auch zu langweilig. Ich denke, daß es vielleicht ganz gut wäre, wenn wir einmal den ganzen Tag unbeschwert zusammen verbringen könnten, um uns richtig auszuquatschen. Daher habe ich mir untenstehendes Angebot ausgedacht (ich übernehme selbstverständlich alle Kosten). Es wäre schön, wenn Du mir zustimmen würdest.

Gruß
Dein Manfred

GUTSCHEIN

1 x OKTOBERFEST
MÜNCHEN

Name

Vorname

Straße/Nr.

Neue PLZ Ort

Bitte senden an:
Manfred Mustermann
Mustergasse 1

12345 Musterstadt

Super-Gewinne

sind möglich, wenn Du, *lieber Johannes*, auf die richtigen Zahlen setzt.
Mit diesem Brief möchte ich mich bei Dir aus vollstem Herzen entschuldigen. Als Art kleine Wiedergutmachung habe ich mir auch etwas Besonderes für Dich ausgedacht.
Da ich ja weiß, daß Du schon seit Jahren davon träumst, einmal ein Spielcasino zu besuchen, habe ich Dir als zusätzlichen Anreiz schon einmal Jetons im Werte von DM 100 (mehr ist leider nicht drin) für die Spielbank in Musterstadt besorgt. Die unbedingt erforderliche Krawatte werde ich Dir auch noch spendieren.
Wenn Du nicht alleine gehen möchtest, dann wüßte ich da eine recht nette Person weiblichen Geschlechts, die Dich sehr gerne begleiten würde ...

Ob mit der genannten Frau oder ohne sie, ich wünsche Dir in jedem Falle irre viel Spaß und Glück.

Hoffentlich bis bald,

Deine **12829**

Musterstadt, ...

Lieber KLAUS-DIETER,

es wird wohl einmal Zeit, daß eine(r) von uns beiden den Anfang macht, damit unsere Freundschaft nicht wegen so dummer Mißverständnisse zerbricht.
Mir tut mein Verhalten jedenfalls sehr leid, und ich hoffe, daß Du mir vergeben kannst.
Ich habe lange überlegt, wie wir wieder Kontakt zueinander aufnehmen könnten, und mich daher zu diesem Brief und der beiliegenden Telefonkarte entschlossen.
Ich würde mich sehr freuen, wenn Du davon ein paar Einheiten übrig hättest und mich anrufst!
Habe Dir zur Erinnerung meine Nummer an den Rand geschrieben.

Bis hoffentlich bald!

Gruß & Kuß

Deine Britta

4
0
8
3
9
1

Gutschein

Lieber Wolf-Rüdiger,

es tut mir so leid, daß wir uns wegen meines dummen Verhaltens zerstritten haben. Bitte entschuldige meinen Fehler!
Als eine Art Wiedergutmachung habe ich Dir beiliegende zwei Gutscheine für eine mehrstündige Ballonfahrt besorgt.
Wen Du mitnehmen möchtest, kannst Du natürlich frei entscheiden!
Sollte Deine Wahl auf mich fallen, so wäre ich sehr glücklich, da ich schon immer einmal mit Dir über den Wolken schweben wollte. Wir könnten dann ja auch versuchen, einen Kurs Richtung „Siebter Himmel“ einzuschlagen!!

Sei zärtlich geküßt von

Deiner Stefanie

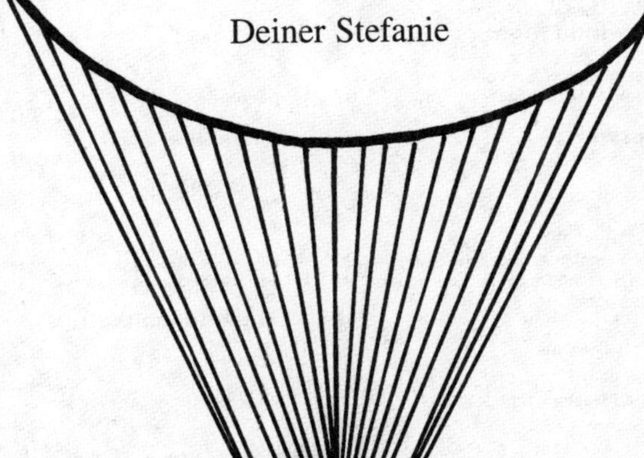

GROSSES GEWINNSPIEL

Liebe Anna,

es ist schon seltsam, wie ein einzelner Mensch (wie ich) so dämlich sein kann und sich mit einer so tollen Frau wie Dir wegen Banalitäten zerstreitet.
Ich bedaure meine dummen Sprüche und bitte Dich aufrichtig um Verzeihung!!!
Wenn Du an dem exklusiv für Dich erdachten Gewinnspiel teilnimmst, ergibt sich vielleicht eine Gelegenheit zur Aussprache.

Gruß Dein Mathias

1. PREIS Abendessen für 2 Personen (im Werte von DM 100,–)

2. PREIS Abendessen für 2 Personen (Komposition Mustermann)

3. PREIS Abendessen für 2 Personen (Pizza-Bringdienst)

Hier unbedingt vollständige Anschrift eintragen

Gewinn-Frage:

Wer ist der größte Volltrottel in dieser Stadt?

Antwort:

____

____

Den komplett ausgefüllten Coupon klebe bitte auf eine Postkarte, und sende diese an:

M. Mustermann
Musterstr. 1
12345 Musterstadt

____
Name/Vorname

____
Straße/Hausnummer

____
PLZ/Wohnort

____
Telefon

Unter den richtigen Einsendungen entscheidet das Los.
Der Rechtsweg ist ausgeschlossen.

Einsendeschluß:

offen

Mitspielen & gewinnen!

GLÜCKS-COUPON MIT GARANTIE!

Liebe Paula,

in der Hoffnung, daß Du mir verzeihen wirst, übergebe ich Dir diesen Glückscoupon, den Du mir jederzeit vorlegen kannst, wenn es nötig erscheint.
Dieser Gutschein soll Dir auf ewig meine Liebe, meine Aufmerksamkeit, meine Zuvorkommenheit, meine Freundlichkeit, meine Treue garantieren, und er ist zugleich ein Versprechen, daß ich eine Beziehung mit Dir leben möchte, die von Gleichberechtigung, Fairneß und Vertrauen geprägt ist.
Diese Erkenntnisse sind das Ergebnis langer schlafloser Nächte, in denen ich über uns und meine Verhaltensweisen nachgedacht habe. Es wird wirklich Zeit, daß ich erwachsener werde und nicht nur so in den Tag hineinlebe. Mir ist klar geworden, daß ich kein Single-Typ mit gelegentlichen Abenteuern bin; nein, ich bin ein Mensch, der sich eine feste Partnerschaft mit einer Frau wünscht. Und diese Frau bist unangefochten Du. Die Garantiezeit beträgt mein ganzes Leben!

Es wäre schön, wenn Du Dich bald bei mir melden würdest.

Grüße & Küsse
Dein Richard

ALLES ANDERE ALS COOL ...

DU DARFST ENTSCHEIDEN, WELCHER STEIN DER NÄCHSTE IST!

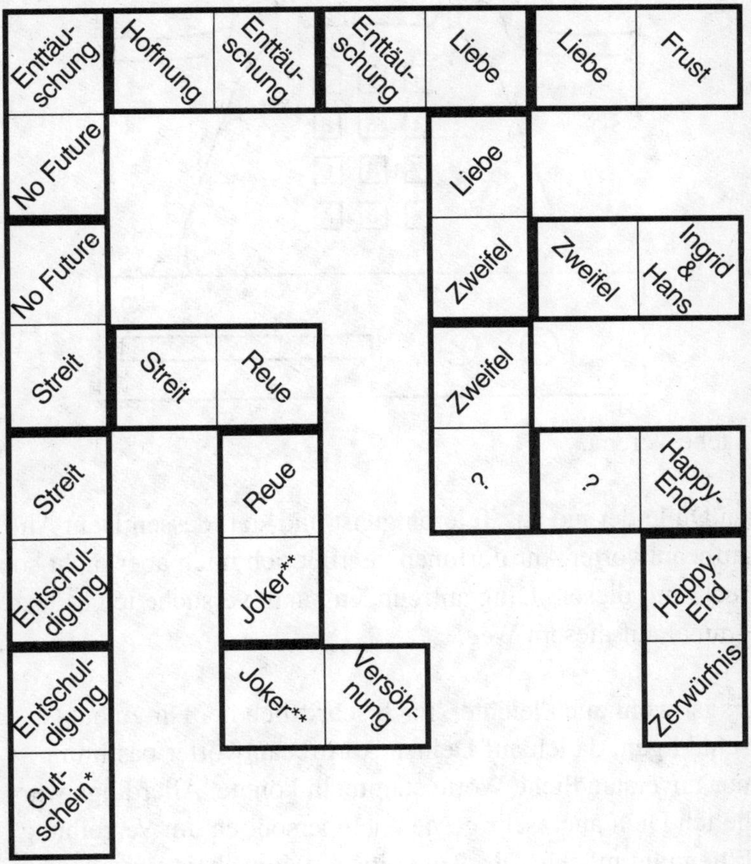

Auswahl:

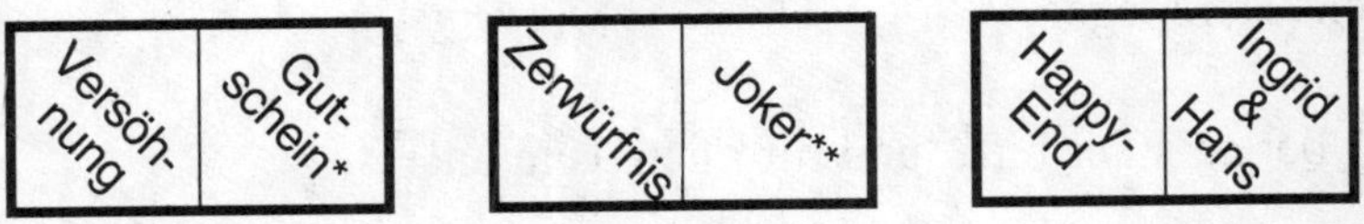

* GUTSCHEIN FÜR ...

** BIN FÜR ALLE VORSCHLÄGE OFFEN

Liebe Verena,

da Du leider nie ans Telefon gehst und statt dessen Dein Anrufbeantworter AnruferInnen begrüßt, ich mich aber nicht so recht mit diesem Ding anfreunden kann, versuche ich es jetzt einmal auf diesem Weg.

Es ist wohl auch leichter, mich schriftlich bei Dir zu entschuldigen, da ich auf Deinen Anrufbeantworter bestimmt nur unverständliche Worte stammeln könnte. Allerdings würde ich Dich auch sehr gerne noch persönlich um Verzeihung bitten und möchte Dir daher eine Art Gutschein für ein gemeinsames Abendessen in einem Restaurant Deiner Wahl ans Herz legen.

Überleg's Dir bitte, und ruf mich dann an!

Gruß
Deine Tanja

DieS ist keiN ErPreSserbrief!
NEin, es ist VielMehr ein GutsChein FÜr
einen TAg im Freizeitpark „LuStig“, mit
dem ich die ErnstHAftigkeit Meiner
EntsChuldigunG unterstReichen möchte.
Es wäre schön, wenn Du beide ANGebote
AnnimMst und wir den Tag Auch für
eine faire AusSPrache nutzen könNten!

SIEGFRied

Kapitel 5: Sonstige Möglichkeiten

Laß Blumen sprechen!

Die Überreichung von Blumen als Unterstützung einer Entschuldigung ist fast schon obligatorisch. Häufig wird aber – mehr oder weniger – wahllos ein Blumenstrauß gekauft, der gerade ins Auge fällt oder der vielleicht sogar im Sonderangebot ist. Diese Unachtsamkeit könnte Anlaß zu der Vermutung bieten, daß die Blumen nur Mittel zum Zweck sein sollen.

Daher sollte sich jede/r schon vor Betreten des Geschäftes darüber Gedanken machen, was erwünscht ist. Ob es nun Schnittblumen oder Topfpflanzen sind, ist von untergeordneter Bedeutung; wichtiger ist, daß die Auswahl erkennen läßt, daß damit etwas ausgedrückt werden soll. Ein liebloses Nelkengesteck ist zum Beispiel völlig nichtssagend, wenn es nicht gerade die Lieblingsblumen der/des Adressatin/ten sind.

Mensch überlegt sich also, wie persönliche Identifikation am besten vermittelt werden könnte. Natürlich wird sich wohl jede/r über einen Strauß mit vielfarbigen Frühlings- oder Sommerblumen freuen; wir sollten aber noch mehr Individualität hineinlegen.

Dabei kommt uns sehr entgegen, daß bestimmte Blumen und Pflanzenarten Symbolcharakter haben. Hier eine kleine Auswahl:

- ☞ Goldlack: ewige Treue
- ☞ Klee: Glücksbringer
- ☞ Mimosen: Empfindlichkeit

☞ Mistelzweige: Glück, Kuß unterm Mistelzweig
☞ Myrte, Myrtenkranz: Ehrenschmuck bei Vermählungen
☞ Rote Rosen: Liebe
☞ Veilchen in Moos: Bescheidenheit, Sittsamkeit und Reinheit
☞ Vergißmeinnicht: nicht erklärungsbedürftig

Für welche Variante wir uns auch immer entscheiden, es sollte eine Karte oder ein Brief beigelegt werden, die/der unsere damit verbundene Intention dokumentiert, da nicht unbedingt jede/r die gleichen Assoziationen und Interpretationen damit verbindet und es zu Mißverständnissen kommen könnte.

Alternativ oder ergänzend kann neben der Auswahl bestimmter Blumen beziehungsweise Pflanzen noch eine zu bestimmende Farbauswahl als Symbol genutzt werden. Natürlich wird auch hier wieder eine Erklärung beigelegt, die deutlich macht, was wir uns dabei gedacht haben.

Die Bedeutungen der Farben sind unter anderem:

☞ Blau: eine beruhigende Farbe, die auf Ausgleich, Fairneß und Entspannung zielt; starkes Harmoniebedürfnis;
☞ Braun: Erdverbundenheit, Geborgenheit, Harmonie;
☞ Gelb: hohes geistiges Vermögen, Fähigkeit zur Selbstkritik, Freiheitsideale;
☞ Grün: allgemein als Farbe der Hoffnung angesehen; beinhaltet auch Naturverbundenheit, Ausgleich und Erneuerung;
☞ Lila: Mischfarbe aus Blau und Rot; Zusammenführung unterschiedlicher Positionen; mystische Ausstrahlung;
☞ Orange: Mischfarbe aus Rot und Gelb; vereint Lebensfreude und Herzlichkeit;

- ☞ Rosa: symbolisiert auf sanftere Art als Rot die Liebe;
- ☞ Rot: die Farbe der Liebe; steht aber auch für starke Persönlichkeit, Energie und Leidenschaft;
- ☞ Schwarz: Verlust, Mutlosigkeit, Trauer, Angst;
- ☞ Weiß: die berühmte „weiße Flagge" symbolisiert den Willen zum Frieden; sie ist auch Zeichen für Unschuld, Licht und Unnahbarkeit, kann aber auch als „Todesblume" gesehen werden: also Vorsicht!

Überlegenswert ist, ob unsere Aktion nur einmalig sein soll oder ob wir unseren Willen nach Versöhnung noch eindrucksvoller dadurch unterstreichen, daß wir zum Beispiel eine Woche lang täglich Blumen sprechen lassen. Dann empfiehlt es sich allerdings, für Abwechslung Sorge zu tragen. Die Zustellung könnte wieder durch eine/n ÜberbringerIn oder einen Blumenbringdienst vorgenommen werden.

Wie die Auswahl von Blumen/Pflanzen und Farben sinnvoll kombiniert werden könnte, soll folgendes Beispiel eines Begleitbriefes verdeutlichen:

Lieber Mustermann,

das Leben ist wohl hart, aber gerecht. Jedenfalls habe ich durch Deinen Entschluß, unsere Beziehung zu beenden, die bittere Quittung für mein idiotisches Verhalten bekommen.

Obwohl es so aussieht, als sei Hopfen und Malz verloren, möchte ich dennoch versuchen, Dich durch meine aufrichtige Entschuldigung und Erklärungen davon zu überzeugen, daß unsere Beziehung mehr als ein Strohfeuer war und auch in Zukunft sein könnte.

Auch wenn Du vielleicht zur Zeit keinen Pfifferling mehr darauf setzt, möchte ich Dich bitten, mir zumindest die Chance zu geben, Dir meine Gedanken, Gefühle und Wünsche mitzuteilen, die ich mit dem Blumenstrauß zum Ausdruck zu bringen versuche.

Die Frau im Geschäft hat mich bei der Zusammenstellung für verrückt erklärt und meine Vorstellungen nur widerwillig erfüllt. Damit Du mein Anliegen bei der Auswahl der verschiedenen Arten und Farben richtig einordnen kannst, hier die Erklärungen:

Die roten Rosen stehen für meine leidenschaftliche Liebe zur Dir; ihre Dornen sollen Dir aber auch zeigen, daß wahre Liebe gelegentlich mal Disharmonien verkraften muß. Die Vergißmeinnicht sprechen wohl für sich selber, und die Mimosen stehen für meine übermäßige Empfindlichkeit. Die Mistelzweige drücken meine Sehnsucht nach einem Kuß von Dir aus, und der Myrtenzweig soll Dir zeigen, daß ich mir eine gemeinsame Zukunft mit Dir vorstellen könnte, daß ich mich für immer an Dich binden möchte.

Vielleicht ist Dir aufgefallen, daß die Farbe Grün überproportional häufig vertreten ist. Sie soll meiner Hoffnung Ausdruck verleihen, daß wir wieder zueinander finden. Das Blau steht für Entspannung und Harmonie, das Rot wie oben, das Rosa der Rose für meine zärtlichen Empfindungen zu Dir.

In Liebe
Deine Heike

Individuelle Präsente

Sie könnten als Bestechungsversuch ausgelegt werden, sind es wohl auch ein klein wenig, sie eignen sich aber trotzdem sehr gut zur Unterstützung einer Entschuldigung: Die Rede ist von Präsenten.

Auch hier muß Mensch sich Gedanken darüber machen, worüber sich die/der andere besonders freuen könnte. Vielleicht sind uns ja lang gehegte Wünsche bekannt, die wir jetzt erfüllen könnten.

Glücklich schätzen kann sich, wer über genügend Kreativität und Talent verfügt, um individuelle und ansprechende Geschenke in Handarbeit erstellen zu können. So könnte nach Lebenslust gebastelt, gestrickt, gehäkelt, gemalt, ... werden. Die Hauptsache ist, es kommt etwas dabei heraus, das der/dem Adressatin/en gefällt.

Wer eher zwei linke Hände sein Eigen nennt, die/der muß nolens volens nach Präsenten Ausschau halten, die käuflich zu erwerben sind. Hier ist die Auswahl natürlich riesengroß und kaum mehr überschaubar. Aber eine Eingrenzung ist schnell vorgenommen, wenn wir uns die beiden zu beachtenden Kriterien vor Augen führen:

- ☞ Das Präsent muß individuell abgestimmt sein.
- ☞ Das Präsent muß sich im Rahmen der finanziellen Möglichkeiten bewegen.

Wem würde da nicht spontan ein gutes Buch einfallen!? Vielleicht ein Buch zum Thema, vielleicht sogar dieses(?!), vielleicht eines, das eine Geschichte erzählt, die in eine Beziehung zum zwischenmenschlichen Verhältnis der beiden Zerstrittenen zu bringen ist, vielleicht etwas Humorvolles, vielleicht ...?

Gerne gekauft werden auch Schallplatten, CDs, MCs, ein tolles Briefpapier (Wink mit dem Zaunpfahl), Parfum, Dinge das Hobby oder eine bestimmte Sammelleidenschaft der/des Beschenkten betreffend, ein Abonnement einer beliebten Zeitschrift usw., usw.

Da das aber alles irgendwie nichts Besonderes ist, ja sich sogar eher im Bereich von 08/15-Dingen bewegt, scheinen weitere Überlegungen erforderlich zu sein.

Wie wäre es zum Beispiel mit einer Flasche Champagner bester Qualität und zwei schönen passenden Gläsern?! Auch nicht ansprechend genug? Abwarten, denn wenn eine Karte mit zum Beispiel dem Inhalt: „Ich hoffe, daß Du das zweite Glas für mich reservierst!" beigelegt wird, dann ist schon mehr Pfiff dahinter und zugleich geschickt der Wunsch nach Versöhnung artikuliert und untergebracht.

Etwas sehr Individuelles wäre es, einer/m astrologisch interessierten EmpfängerIn ein persönliches Horoskop durch einen seriösen Anbieter erstellen zu lassen (Kosten: Horoskop ca. DM 70,–, Partnerschaftsanalyse ca. DM 60,–, Biorhythmus ca. DM 25,–). Dafür ist allerdings die Kenntnis sämtlicher Geburtsdaten inklusive dem Ort und der Uhrzeit erforderlich.

Geschenke mit Symbolcharakter können Edelsteine sein. Keine Sorge, es muß ja nicht gleich ein Diamant gekauft werden. Es gibt eine große Auswahl sehr schöner Steine, die zu erschwinglichen Preisen erhältlich sind (teilweise unter DM 10,–). Hier einige Beispiele:

- ☞ Amethyst: Symbol für Umwandlung
- ☞ Aventurin: Geduld und Ruhe
- ☞ Karneol: Aktivität
- ☞ Sodalith: Selbstvertrauen und Treue
- ☞ Tarquenit: Schönheit
- ☞ Zitrin: Zärtlichkeit

Wird der Symbolcharakter von Steinen noch zusätzlich mit dem der Farben (siehe Seite 126) kombiniert, ergeben sich weitere Interpretationsmöglichkeiten. Wer sich umfassend über Steine, ihre Symbolik, ihre Funktion als Glücksbringer, ihre Bedeutung für Sternzeichen usw. informieren möchte, die/der sollte auf Literatur zum Thema zurückgreifen, da eine detaillierte Abhandlung den Rahmen dieses Buches sprengen würde.

Von Symbolcharakter können auch Schmuckstücke sein, zum Beispiel Amulette:

- ☞ Amenophis: erfüllt angeblich drei Wünsche nach Wahl;
- ☞ Bastet: ein Liebesamulett, das bei Liebes- und Partnerschaftsproblemen helfen soll;
- ☞ Ibis: soll den beruflichen Erfolg begünstigen und Unsicherheiten und Ängste bekämpfen;
- ☞ Isis: soll der Gesundheit förderlich sein;
- ☞ Skarabäus: soll das Glück in allen Lebensbereichen sichern.

Darüber hinaus könnte noch an Ohrringe, Kettenanhänger oder Armbänder mit zum Beispiel dem ☮-Zeichen oder einer Friedenstaube, einem Sternzeichen usw. gedacht werden.

Besonders gut wäre es natürlich, wenn sich zu dem Geschenk ein konkreter Bezug zu gemeinsamen, glücklichen Zeiten herstellen ließe. Haben die Betroffenen zum Beispiel einmal einen schönen Urlaub im Harz zusammen verbracht, so könnte der Erwerb einer Brocken-Hexe (Puppe) positive Erinnerungen wecken.

Ist etwas Passendes gefunden, so kann durch ein aufwendiges Geschenkpapier für weitere Aufmerksamkeit gesorgt werden. Geschenk und Begleitbrief/-karte können dann als Paket oder als Päckchen bei der Post aufgegeben werden. Übrigens empfiehlt es sich, bei einem Paket auch gleich die

Zustellgebühr zu bezahlen, da ansonsten der Eindruck von Kleinlichkeit, ja Geiz entstehen könnte und die eigentlich gute Absicht gar keine Würdigung mehr erfährt.

Die private Kleinanzeige

Wenn die Absicht besteht, eine Entschuldigung kurz und knapp und ohne – zunächst – größere Erklärungen abzugeben, dann bietet sich die Aufgabe einer privaten Kleinanzeige in einer Zeitung an. Es sollte aber schon eine Zeitung sein, von der Mensch ganz sicher weiß, daß sie von der/dem Adressatin/en regelmäßig gelesen wird. Für alle Fälle wäre aber noch die Zusendung eines Belegexemplares angeraten.

Die inhaltliche Ausgestaltung des Textes bleibt jeder/m selbst überlassen. Nur sollte unbedingt vermieden werden, die Nachnamen beider Betroffenen mit abdrucken zu lassen; schließlich handelt es sich ja um eine intime Privatangelegenheit, und das sollte sie wohl auch bleiben. Allerdings muß andererseits erkennbar werden, wer da für wen das Inserat aufgegeben hat. Zu diesem Zwecke sollte es ausreichend sein, die jeweiligen Vornamen und den jeweils ersten Buchstaben der Nachnamen anzugeben; eventuell gewohnte Spitznamen wären natürlich auch geeignet.

Bester Ort für die Plazierung einer privaten Kleinanzeige dieser Art ist wohl die Rubrik „Verschiedenes“. Hier ist sie wegen der Vielzahl und Vielfalt der anderen Inserate relativ neutral unterzubringen und ist zum anderen aber auch gut sichtbar und nur für die/den Betroffene/n identifizierbar.

Wenn gewünscht, ließe sich die Anzeige durch eine Umrahmung hervorheben. Weitere Aufwertung und Aufmerksamkeit könnte zum Beispiel auch durch die Verwendung von vom Standard abweichenden Schrifttypen, von Großbuchstaben und/oder durch Fettdruck erreicht werden.

Folgende Beispiele sollen Möglichkeiten aufzeigen.

Einfach:

Liebe Frau Agathe S.!
Ich bitte Sie hiermit herzlichst
um Verzeihung!
Ihre Elvira F.

Mit Extras:

Liebe Frau Agathe S.!
Ich bitte Sie hiermit herzlichst
um VERZEIHUNG!
Ihre Elvira F.

Liebe Frau Agathe S.!

ICH BITTE SIE HIERMIT HERZLICHST

UM **V E R Z E I H U N G !**

IHRE ELVIRA F.

ENTSCHULDIGUNG!

Liebe Frau ***Agathe S.*** !

Ich bitte Sie hiermit ♡lichst

um ***Verzeihung!***

Ihre ***Elvira F.***

☮ ☮ ☮ ☮ ☮ ☮ ☮ ☮ ☮ ☮ ☮ ☮ ☮ ☮ ☮

☮ SORRY!!! ☮

☮ Liebe Agathe S.! ☮

☮ Bitte, bitte verzeihe mir! ☮

☮ In großer Liebe ☮

☮ Dein „Wurzelchen" Alex ☮

☮ ☮ ☮ ☮ ☮ ☮ ☮ ☮ ☮ ☮ ☮ ☮ ☮ ☮ ☮

Wer eigene Ideen umsetzen möchte, die/der sollte beim ausgewählten Zeitungsverlag nachfragen, ob diese von ihm realisiert werden können. Natürlich ist vor der Abgabe eines Inserates auch die Frage nach den möglichen Kosten zu stellen. In der Regel kann davon ausgegangen werden, daß die Preise bei einer privaten Kleinanzeige pro Zeile berechnet werden. Diese variieren je nach Standort (Groß- oder Kleinstadt) und dem Verbreitungsgrad (regional oder bundesweit) der Zeitung zwischen ca. DM 3,– und ca. DM 20,–.

Sag's mit Musik!

Wer selber ein tragbares Musikinstrument spielen und dazu vielleicht auch noch einigermaßen singen kann, und wer dafür den Mut aufbringt, die/der kann sich in Walther-von-der-Vogelweide-Manier versuchen. Zu diesem Zwecke sollte aber unbedingt ein Musikstück ausgewählt werden, das dem Anlaß entspricht, oder das der Lieblingssong der/des Betroffenen ist.

Natürlich bietet sich da auch eine neue und persönlich gehaltene Vertextung einer bekannten und beliebten Melodie oder – falls ausreichend talentiert – eine Eigenkomposition an. Die Kreation könnte dann zum Beispiel vor der Wohnungstür, dem Balkon oder einem Fenster der/des Adressatin/en zum Besten gegeben werden.

Da aber nur die wenigsten genügend Qualitäten in diesem Bereich zu bieten haben, ist wohl die Engagierung professioneller Musiker angeraten. Es muß ja nicht gleich eine Milva oder ein Bob Dylan sein; da tummeln sich häufig auch im lokalen Bereich hoffnungsvolle Nachwuchsmusiker, die sich vielleicht überreden lassen könnten, für eine geringe Gage unsere Vorstellungen zu realisieren. In den „Gelben Seiten“ der Telekom und im Kleinanzeigenteil von Tageszeitungen bieten auch sogenannte Alleinunterhalter ihre Dienste relativ preisgünstig an.

Wem das alles so gar nicht zusagt, die/der muß trotzdem nicht auf das Einbringen und die Unterstützung von Musik verzichten. Denn zum Beispiel auf einer Cassette lassen sich – ohne großen Aufwand – in Eigeninitiative individuelle und/oder dem Anlaß entsprechende Musiktitel (zum Beispiel: „Wish you were here“ von der Gruppe Pink Floyd) zusammenstellen. Wer mag, könnte am Anfang noch einleitende persönliche Worte mit einer Entschuldigung und Erklärungen aufnehmen.

Die Anmietung einer Werbefläche

Befindet sich zum Beispiel in der Nähe der Wohnung, an der gewohnten Bushaltestelle oder auf dem üblichen Weg zur Arbeitsstelle des Menschen, bei dem wir uns entschuldigen wollen, eine Plakatwand oder eine Litfaßsäule? Dann, ja dann sollte einmal über die Möglichkeit der Anmietung einer solchen Werbefläche für einen Tag oder länger nachgedacht werden.

Wird diese Idee als gut empfunden, können die notwendigen Informationen über Kosten und Realisierung durch die

Anwahl von Unternehmen aus dem Branchentelefonbuch („Gelbe Seiten" unter zum Beispiel „Werbeunternehmen") nachgefragt werden.

Nach Klärung der Formalitäten kann die praktische Umsetzung angegangen werden. Da der Druck eines Plakates wohl zu teuer sein dürfte, wird dieses in Eigeninitiative erstellt. Dazu wird als Grundlage ein großformatiger Bogen Papier benötigt. Ist dieser – wider Erwarten – zum Beispiel in Druckereien nicht erhältlich, so kann sich mit den Rückseiten zusammenzuklebender Tapeten beholfen werden.

Jetzt kann mit Öl- oder anderen wetterfesten Farben der Phantasie freier Lauf gewährt werden. Vor der Erstellung des Originals sind aber vielleicht zunächst ein paar Entwürfe auf DIN-A-4-Blättern ratsam. Dabei sollte darauf geachtet werden, das Bild nicht zu überladen, es sollte überschaubar und ansprechend wirken.

Sind wir mit unserer endgültigen und realisierten Kreation zufrieden, begeben wir uns mit einer Leiter, einer Tapetenbürste und einem wetterbeständigen Kleister ausgerüstet zur angemieteten Werbefläche und versuchen unsere „Arbeit" möglichst faltenfrei zu einem guten Abschluß zu bringen und erfolgversprechend darzubieten, um dann auf die erhoffte Reaktion warten zu können.

Hier ein Beispiel:

Allerlei

Hier seien nur noch in Kürze ein paar nicht unbedingt alltägliche Möglichkeiten ohne größere Erklärungen vorgestellt, die partiell erhebliche finanzielle Investitionen erforderlich machen könnten:

☞ Selbstverfaßte Gedichte oder (Kurz-)Geschichten, die Bezug auf die Vorkommnisse nehmen oder ausdrücken, wie es werden könnte (entweder in schriftlicher Form oder auf Cassette gesprochen, vielleicht mit Musikuntermalung).

☞ Für ComputerbesitzerInnen: Eine Diskette mit einem zum Beispiel im Graphikprogramm erstellten persönlichen Schreiben; als Beigabe vielleicht noch ein nützliches Programm oder ein Spiel.

☞ Die Erstellung eines individuell und persönlich gestalteten Videos. Hier könnten zum Beispiel Orte aufgenommen werden, an denen die Betroffenen eine schöne gemeinsame Zeit verlebt haben.

☞ Eine weiße Fahne schwenkend (vielleicht mit der Aufschrift: „Entschuldige!“) vor der Wohnung der/des Betroffenen auf- und ablaufen.

☞ Die Einblendung einer persönlichen Mitteilung im Werbeblock eines Kinos.

☞ Die Durchsage einer persönlichen Mitteilung in einem Radiosender.

☞ Die Anmietung eines Flugzeugs, das eine persönliche Mitteilung als Fahne hinter sich herzieht.

☞ Ein Rundflug über die Stadt mit Heißluftballon, Zeppelin, Flugzeug oder Hubschrauber.

Nachwort

Wenn Sie trotz der großen Angebotspalette in diesem Buch keine Inspiration zur Abgabe einer Entschuldigung gefunden haben, dann sind Sie vielleicht doch nicht so ganz bereit dazu und sollten alles noch einmal gut überdenken und grundsätzliche Positionen hinterfragen.

Mit etwas Frustrationstoleranz, Selbstkritik, Ehrlichkeit, Problembewußtsein, Fairneß, Einfühlungsvermögen, Geduld und einer gesunden Portion Menschenkenntnis sollten Konflikte ohne den Verfall in Opportunismus und ohne die Aufgabe der eigenen Identität lösbar sein.

Die Alternative, das Zerwürfnis, ist ja auch nicht gerade sehr reizvoll. Das Leben ist ohnehin schon hart und ungerecht genug, als daß Mensch sich weitere hausgemachte Probleme schaffen sollte, die dann auch noch zum Verlust der Beziehung zu einem liebgewonnenen Menschen führen.

In der heutigen Zeit, die sich durch Leistungsdruck, Streß und Vereinsamungstendenzen negativ auszeichnet, ist mehr denn je die Solidarität gefragt. Denn: Nur gemeinsam sind wir stark!

Dies scheint mir überdies die Gelegenheit zu sein, mich bei allen Menschen, Tieren und Pflanzen zu entschuldigen, die ich jemals ungerecht behandelt habe.

Und – sozusagen präventiv – bitte ich um Entschuldigung für von mir möglicherweise in Zukunft verursachte ungerechtfertigte Störungen von Harmoniebestrebungen.

Zum guten Schluß fällt mir noch der Spruch ein, den mir meine Schwester während meiner Schulzeit ins Poesiealbum geschrieben hat: „Sag die Wahrheit, und mach Dich aus dem Staube!“

Ihr
Gerd B. Schwarz

Notizen